Kerry Egan

# Leben

## Von Sterbenden lernen, was zählt

Aus dem Amerikanischen
von Juliane Gräbener-Müller

GÜTERSDIE
LOHERVISION
VERLAGSEINER
HAUSNEUENWELT

FÜR MEINE KINDER

GÜTERSDIE
LOHERVISION
VERLAGSEINER
HAUSNEUENWELT

# INHALT

# GESCHICHTEN, DIE WIR ERZÄHLEN 1

»Weise bin ich nicht geworden. Man denkt immer, wenn man alt wird, sollte man auch weise werden. Aber hier bin ich nun, dem Tod nah, und bin es bis jetzt nicht geworden.«

Glorias milchig blaue Augen weiteten sich, und sie zog die Augenbrauen hoch. Sie lachte, nur ein wenig.

»Bei allem, was ich durchgemacht habe, hätte ich ja gedacht, wenn überhaupt jemand das alles kapiert, dann ich.« Wieder lachte sie, eine Art rollendes Glucksen, das ihre langsame, gedehnte Sprechweise unterbrach. Sie lachte immer.

»Wissen Sie.« Als sie sich zu mir beugte, beschien Sonnenlicht den weißen Babyflaum auf ihrem Oberkopf. »Ich hab mir immer gewünscht, einen Schriftsteller kennenzulernen, dem ich meine Geschichten erzählen kann, damit andere Leute sie hören können und nicht dieselben Fehler machen wie ich. Ich würde ihm einfach meine Geschichten geben. Ich würde sagen: ›Hier, nimm sie und erzähl sie ihnen.‹ Sie wissen ja, was für verrückte Geschichten das sind. Aber ich hab nie einen Schriftsteller kennengelernt.«

Ich wusste nicht recht, was ich sagen sollte. Mehr als zehn Jahre zuvor hatte ich ein Buch geschrieben, war aber jetzt nicht als Autorin hier. Gloria war eine Hospizpatientin und ich war ihre Seelsorgerin. Von meiner Vergangenheit hatte ich ihr bisher nichts erzählt.

»Ich habe immer darum gebetet, einem zu begegnen«, fuhr sie fort. »Aber dieses Gebet wird wohl nicht mehr erhört werden.«

Wir verstummten, und ich hoffte, dass Gloria das Thema wechseln würde.
Sie hob die Hände von den Armlehnen und ließ sie mit einem tiefen Seufzer wieder fallen. »Ich verlasse nicht einmal mehr dieses Haus. Ich stecke hier fest. Wie soll ich da noch einen echten Schriftsteller kennenlernen?«
Sie sah mich an und schüttelte lächelnd den Kopf.
»Ich hab gebetet und gebetet und gebetet. Manche Gebete werden wohl einfach nicht erhört.« Sie lachte wieder, doch diesmal klang es traurig.
Langsam wurde es lächerlich. Ich zögerte noch eine stille Minute, dann sagte ich: »Gloria, habe ich je erwähnt, dass ich einmal Schriftstellerin war?«
»Ein echte Schriftstellerin?« Ihre dünnen Augenbrauen gingen wieder nach oben.
»Ja, aber schon vor langer Zeit.«
»Also eine, die ein Buch geschrieben hat?«
»Ja. Veröffentlicht und alles.«
Sie warf die Hände in die Luft und blickte zur Decke. »Und ich hab die ganze Zeit auf einen Mann gewartet!«, rief sie. Sie hüpfte ein bisschen in ihrem Lehnstuhl, drehte sich um und sah mich an. »Ich dachte, es würde ein Mann sein, Kerry! Aber das ist es!« Sie schaukelte vor und zurück und breitete die Arme weit aus. »Ich spüre es! Das ist die Antwort. Der Heilige Geist hat Sie zu mir geschickt, und ich habe Ihnen doch schon alle meine Geschichten erzählt. Sie brauchen sie nur noch aufzuschreiben. Vielleicht können sie jemandem helfen. Vielleicht wird jemand anderes durch sie weise. Versprechen Sie mir, dass Sie meine Geschichten erzählen werden.«

Mir hatten zwar schon vor Gloria einige Patienten gesagt, sie wünschten, andere Menschen könnten aus ihren Lebensgeschichten lernen – hatten mir sogar erlaubt, sie anderen zu erzählen –, doch der Anstoß zu diesem Buch kam tatsächlich von Gloria und meinem Versprechen an sie. Im Laufe der Jahre hatte ich mir schon viele Geschichten gemerkt, Geschichten, die Patientinnen und Patienten vor mir ausgebreitet und über die sie nachgegrübelt hatten, Geschichten, die sie in Gedanken ebenso drehten und wendeten wie ihre Rosenkranzperlen und zerlesenen Bibeln in den Händen. Ich sammelte sie und bewahrte sie in meinem Herzen. Oft, aber nicht immer, fanden meine Patienten im Lauf unserer Gespräche ein gewisses Maß an Seelenfrieden. Oft, aber nicht immer, wurde ihr Glaube an etwas Besseres und Größeres als sie selbst bestätigt. Oft, aber nicht immer, fanden sie unerwartet Kraft, bei den Menschen in ihrem Leben Abbitte zu leisten, und den Mut, furchtlos auf ihren Tod zuzugehen. Und immer lehrten diese Menschen mich etwas.

Wir alle haben Erfahrungen, die unser Leben prägen. Patienten erzählten mir diese Erfahrungen, diese Geschichten, manche nur ein oder zwei Mal, andere immer wieder. Normalerweise änderte sich bei jeder Wiederholung die Art und Weise, wie sie sie erzählten. Aber nicht das Wesentliche der Geschichte änderte sich, sondern die Betonung von Details, die hergestellten Zusammenhänge zwischen diesen Details, und schließlich formten sich die Zusammenhänge zwischen schon lange zurückliegenden Geschichten neu. Der Sinn in ihren Geschichten erweiterte und verlagerte sich.

Fast immer handelten ihre Geschichten von Scham, Kummer oder Trauma: Mein Kind starb mit vier Jahren in meinen Armen. Meine Frau verließ mich wegen eines anderen Mannes, während ich als Soldat weit weg war. Ich habe jemanden umgebracht. Mein Vater hat mich vergewaltigt. Ich hab mich fast tot gesoffen. Mein Mann schlägt meine Kinder und ich habe vor lauter Angst nichts dagegen unternommen. Ich wurde nicht geliebt und weiß nicht, warum. Die Geschichten verwirrten sie. Wie konnten diese Dinge nur passiert sein, und was bedeutete das alles?

Ich weiß nicht, ob es einen weise machen kann, wenn man sich die Lebensgeschichten von Menschen anhört, die im Sterben liegen, aber ich weiß, dass es die Seele heilen kann. Meine wurde dadurch geheilt.
So wie jedem einzelnen meiner Patienten war auch mir etwas passiert. Für die Geschichte, die mein Leben bis dahin geformt hatte, schämte ich mich. Mir war, als wäre ich geborsten und zerbrochen und könnte nicht wieder zusammengesetzt werden, als wäre ich tief im Innersten unwiederbringlich zerstört. Als ich anfing, im Hospiz zu arbeiten, war mir noch nicht klar, dass jeder, wirklich jeder Mensch geborsten und zerbrochen ist.

Nur wenige Monate, nachdem ich die Arbeit im Hospiz aufgenommen hatte, betrat ich das dunkle, nicht besonders wohnliche Zimmer einer Pflegeheimpatientin, die ihrem Krankenblatt zufolge sowohl unter Darmkrebs als auch unter fortgeschrittener Demenz litt. Ich erwartete eine schwache, zusammengerollt daliegende Patientin. Stattdessen traf ich auf eine schöne Frau mit exakt gelegten weißen Locken, die kerzengerade auf ihrem Bett saß. Sie wirkte auf mich wie eine ausgezehrte, bläuliche Porzellanpuppe auf weißen Anstaltslaken.

Statt mich mit dem tiefen Schweigen der Demenz im Endstadium zu begrüßen, sprach sie mit einem breiten neuenglischen Akzent darüber, was es bedeutete, Teile des eigenen Körpers zu verlieren, Teile, die man nie besonders wahrgenommen hatte, bis sie nicht mehr da waren. Selbst bei Demenz im Endstadium kann es passieren, dass ein Patient Momente, ja einen ganzen Tag vollkommener Klarheit erlebt. Während sie über die vielen Jahre ihrer Krebsbehandlung sprach, wurde ihre pergamentene Haut in Nacken und Gesicht rosarot. Ihre Hände begannen zu zittern, dann der ganze Körper. Ihre Stimme wurde allmählich lauter, während ihr Körper sich immer stärker verkrampfte.

»Ich habe kein Arschloch!«, brach es schließlich aus ihr heraus. Dabei schlugen ihre kleinen weißen Fäuste auf das Bett. Selbst unter Aufbietung ihrer ganzen Kraft erzeugte sie kaum eine Delle in den Laken. »Ich kann nicht scheißen!«

Sie wandte den Blick ab und richtete ihn unverwandt auf den Heizkörper. Als sie wieder sprach, hörte man nur noch ein raues Flüstern. »Alle Leute, die in dieses Krankenzimmer gekommen sind, haben auf mich herabgeschaut. Sie haben mich eigentlich gar nicht gesehen. Sie wollten mich nicht sehen. Sie haben in Babysprache mit mir geredet, so als wäre ich eine Idiotin. Sie haben mich angeschaut und gedacht: ›Zum Glück bin ich nicht wie die.‹ Selbst bei den Netten wusste ich, dass sie heilfroh waren, nicht so zu sein wie ich. Ich wusste, dass sie nur eine verrückte, jämmerliche alte Frau sahen, die nicht einmal ein Arschloch hat.«

Ein paar Sekunden, die sich wie Minuten anfühlten, saßen wir schweigend da. Als sie mich wieder anblickte, sagte ich: »Was Sie brauchten, war Mitgefühl, bekommen haben Sie aber Mitleid.«

»Ja.« Sie sog Luft ein. »Ja, das stimmt. Ganz genau.« Überraschung lag in ihrem Blick. Sie zog die Augenbrauen zusammen und sagte in einer anderen, fast anklagenden Stimme: »Sie sind sehr jung.«

»Ich bin älter als ich aussehe.«

»Nein. Sie sind jung«, sagte sie kategorisch. »Woher wissen Sie so etwas?«

»Nun ja.« Diese Frage hatte ich nicht erwartet. »Also, ich habe ein paar schwere Dinge durchgemacht. Ich weiß, wie Mitleid sich anfühlt.«

Sie setzte sich noch aufrechter hin und fixierte mich mit ihrem Blick. »Warum? Wie geht Ihre Geschichte? Was ist Ihnen widerfahren?«

Ich spürte ein heißes Kribbeln in meinem Körper. »Das erzähle ich lieber nicht, ich bin doch hier, um über Ihr Leben zu sprechen. Meine Rolle als Hospizseelsorgerin besteht darin, Ihnen zuzuhören, Ihnen zu helfen, Ihre spirituelle Kraft auszuschöpfen, um Sie durch diese Zeit zu bringen.« Ich bemühte mich um einen professionellen Ton.

»Sie schämen sich.«

»Nein, nein. Kein bisschen.« Plötzlich wäre ich am liebsten aufgestanden und weggerannt. In meinen Ohren hörte ich Meeresrauschen und spürte den Herzschlag in meiner Brust. Ich hielt mich an der Bettkante fest. »Es ist einfach so, dass ich mich kenne und weiß, wenn ich erst einmal anfange, von mir zu erzählen, spreche ich nur noch darüber, und das ist nicht richtig, denn ich bin ja hier, um für Sie da zu sein, nicht umgekehrt.«

Natürlich war das eine Lüge. Ich schämte mich, und das wusste sie. Freundlicherweise sprach sie mich aber nicht weiter darauf an.

Sie starrte mich mit ihren braunen, leicht aus den knochigen Augenhöhlen und eingesunkenen Wangen hervortretenden Augen an. Dann griff sie nach meinen Händen und räusperte sich.

»Was immer Ihnen in Ihrem Leben Schlimmes passiert ist, was immer Sie Schweres durchzustehen hatten, Sie müssen drei Dinge tun: Sie müssen es akzeptieren. Sie müssen freundlich zu ihm sein«, sagte sie langsam, während sie meine Finger zusammenquetschte. »Und, hören Sie mir gut zu: Sie müssen ihm erlauben, freundlich zu Ihnen zu sein.«

Ich verstand nicht, was sie damit meinte. Wie sollte ich meinem schweren Schicksalsschlag erlauben, freundlich zu mir zu sein?

Bei meinem ersten Kind hatte ich einen Notkaiserschnitt, in dessen Verlauf irgendwann die Periduralanästhesie nicht mehr wirkte. Ich konnte alles spüren, aber das eigentlich Gefährliche daran war, dass ich mich bewegte, als der Bauchraum noch offen war. Daraufhin bekam ich eine Notanästhesie mit Ketamin, einem Narkosemittel, das normalerweise nur bei Pferden, bei Soldaten im Kriegseinsatz und bei Technopartys zum Einsatz kommt. Die Wirkungsweise von Ketamin ist anders als die üblicher Mittel, die das Schmerzempfinden des

Körpers ausschalten. Ketamin wirkt als »dissoziative Anästhesie«, das heißt, es kappt die Verbindung zwischen Körper und Bewusstsein, sodass man Schmerz nicht als solchen erkennt. Es löst also mit anderen Worten einen psychotischen Zustand aus.

In meinem unglücklichen und ungewöhnlichen Fall war das kein vorübergehender Zustand. Diese medikamenteninduzierte psychotische Störung hielt sieben Monate an. Als frischgebackene Mutter wurde ich plötzlich in eine Welt von Halluzinationen, Wahnvorstellungen, Dissoziationen, Selbstmordgedanken und Katatonie gestürzt. An das erste halbe Lebensjahr meines Sohnes kann ich mich praktisch nicht erinnern, und die anschließenden achtzehn Monate habe ich dank eines Cocktails aus starken psychiatrischen Medikamenten mehr oder minder verschlafen. Mithilfe von sehr viel Therapie, Medikamenten und Zeit ging es mir zwar irgendwann besser, aber diese Psychose hat mich Jahre meines Lebens gekostet.

Und ich schämte mich noch immer dafür, dass ich den Verstand verloren hatte.

Ich ging noch oft zu dieser Demenzpatientin, immer in der egoistischen Hoffnung auf ein weiteres Gespräch. Ich wollte erfahren, was sie damit gemeint hatte, dass man seinen schlimmen Erlebnissen erlauben solle, freundlich zu einem zu sein. Doch sie sprach nie wieder ein einziges Wort. Nicht einmal Augenkontakt konnte sie herstellen, geschweige denn halten. Sie lag im Bett oder in einem der riesigen, gepolsterten Pflegerollstühle für Heimpatienten, die keine Kontrolle über ihre Körperfunktionen haben. Die Demenz verschluckte sie wieder vollständig. Was übrigblieb, waren ein zusammengerollter und verkrampfter Körper und ein gläsernes Schweigen.

Ich saß dann bei ihr, sang ihr etwas vor und hielt ihre Hände, wenn sie nicht gerade schmerzhaft verkrampft waren. Ich weiß nicht, ob sie Trost daraus ziehen konnte. Ein paar Monate später starb sie, mitten in der Nacht, allein in ihrem dunklen Zimmer.

Sie erinnerte sich wahrscheinlich nicht daran, mich je kennen gelernt zu haben. Aber ich denke seitdem immer wieder über das Gesagte nach. Über die Weisheit in Geschichten wie ihrer und die Güte, die man auch nach schwersten Schicksalsschlägen, selbst jetzt, mitten im Leben, finden kann.

»Mommy.« Mit einem tiefen Seufzer betrachtete mein fünfjähriger Sohn die Schachtel mit Apfelmusbechern auf der Küchentheke. Während ich versuchte, vor der Arbeit noch Lunchpakete für die Schule fertigzumachen, nahm er meine beiden Hände. »Ich hab eine Idee.« Das war immer sein Eröffnungsschachzug. »Ich weiß, dass du zur Arbeit musst und dass du da Leute sterben lässt, aber ich möchte heute unbedingt zu Friendly's.« Er lächelte und nickte. »Also, Mommy? Können wir hingehen? Zum Mittagessen? Und hinterher ein Eis? Einen Eisbecher zum selber Zusammenstellen? Mit Gummibärchen und bunten Zuckerstreuseln? Du gehst doch gern zu Friendly's! Ja?«

»Halt, halt!«, sagte ich.

Er setzte sein Kindergartenlächeln auf, nur Zahnfleisch und keine Zähne, und nickte unaufhörlich.

»Noch mal zurück. Was meinst du, was ich auf der Arbeit mache?«

»Leute sterben lassen, damit sie in den Himmel gehen können«, sagte er nüchtern. »Aber das kannst du auch morgen machen, dann können wir nämlich heute zu Friendly's gehen, ok? Du isst doch auch gerne Eis. Sogar gerner als ich. Gerner als alle anderen. Deshalb gehen wir hin. Sterben können die Leute auch morgen.« Er nickte noch ein paarmal.

Es schien ihm bemerkenswert wenig auszumachen, dass seine Mutter ein weiblicher Sensenmann mit Clogs und immer etwas zu eng sitzender Hose war, in deren Händen nicht nur sein Apfelmusbecher, sondern auch die Macht über Leben und Tod lag.

Um es einmal erwähnt zu haben, ich lasse Leute nicht sterben.

Ich kann meinem Sohn aber nicht verübeln, dass er die Arbeit seiner Mutter nicht verstand. Die wenigsten Leute wissen genau, was Hospizseelsorger tun. Selbst andere Hospizmitarbeiterinnen haben manchmal nur eine vage Vorstellung, die meistens mit Handhalten und Ave-Maria-Beten zu tun hat.

Mir fiel es ja selbst schon schwer, anderen meine Arbeit zu erklären.

»Ein bisschen verwirrt bin ich jetzt schon«, sagte einmal eine Frau bei einem Buchklubtreffen zu mir, als wir beide vor einem Tablett mit Käse und Trauben standen. »Was macht eine Hospizseelsorgerin denn nun genau?«

»Wir gehören zum Hospizteam, und unsere Aufgabe besteht darin, Patienten, Angehörigen und Personal geistlichen Beistand und Hilfe zu gewähren«, gab ich ihr meine Standardauskunft, während ich mir Cracker und den köstlichen Ziegenkäse mit Kräuterkruste auf den Teller lud.

»Das sagt mir gar nichts«, erwiderte sie. »Erzählen Sie mir doch mal ganz genau, was Sie heute bei der Arbeit gemacht haben.«

An diesem Tag war ich in einem Pflegeheim gewesen und hatte ein halbes Dutzend mittellose alleinstehende Patienten mit Demenz im Endstadium besucht.

Für eine Hospizseelsorgerin sind Menschen mit Demenz im Endstadium die einfachsten und zugleich schwierigsten Patienten. Wie die Porzellanpuppenpatientin sitzen sie, ihre kleinen Körper schmerzhaft verkrampft und verdreht, mit Stofftieren als Trostspendern in den großen Pflegerollstühlen. Ihre riesig erscheinenden eingesunkenen Augen starren in die Ferne. In den Winkeln ihres offenen Mundes bilden sich oft Krusten. Ihre Haut reißt ganz leicht, wie ein feuchtes Papiertaschentuch. Sie können weder sprechen noch gehen noch selbstständig essen. In ihren letzten Wochen oder Monaten – in einigen der traurigsten Fälle, die ich erlebt habe, sogar über Jahre hinweg – können sie nicht mehr lächeln oder den Kopf allein aufrecht halten.

Wie gibt man einem solchen Menschen geistlichen Beistand? Was kann man anbieten, wenn man nicht weiß, ob ein Gebet oder ein Lied, ja schon die Berührung mit der Hand sich tröstend oder eher verstörend auswirkt? Wenn der Mensch einem nicht sagen kann, wer er ist, und es keine Familie oder Freunde gibt, die ein bisschen über ihn erzählen können? Versetzen Sie sich einmal in die Lage so eines Menschen. Da taucht eine Fremde in Ihrem Zimmer auf. Sie können sie, falls Sie allein sein wollen, nicht bitten zu gehen. Ebenso wenig können Sie sie, wenn Sie einsam sind oder Angst haben, bitten zu bleiben. Sie können ihr nicht sagen, sie möge still sein oder aber bitte sprechen und weitersingen. Als Buddhist können Sie nicht verhindern, dass sie Ihnen aus der Bibel vorliest, oder als Atheist, dass sie mit Ihnen betet. Sie können Sie auch nicht bitten, den Rosenkranz für Sie zu beten, falls das Ihr einziger Trost ist. Sie können dieser fremden Frau nicht sagen, dass ihre Hand, die leicht auf Ihrem Handgelenk liegt, Ihnen unsägliche Schmerzen verursacht – oder dass Sie sich nichts sehnlicher wünschen als die Wärme und Weichheit menschlicher Berührung und sich fragen, warum sie nicht Ihre Hand hält.

Und dann stellen Sie sich vor, die Seelsorgerin bei einem solchen Fremden zu sein und nicht zu wissen, ob das, was Sie tun oder nicht tun, ihm Trost bringt oder Schmerz bereitet. Wie sollte ich nach einem Tag mit einem halben Dutzend solcher Patienten – ein Kollege nannte das einmal »die Mauer der Demenz« – jemandem erklären, was ich tat?

Dennoch wollte ich es versuchen. Mich fragten nur selten Leute nach meiner Arbeit, und das konnte ein Gefühl von Einsamkeit erzeugen.

Ich sagte, an diesem speziellen Tag hätte ich bei meinen Patienten gesessen. Zunächst hätte ich festzustellen versucht, ob es ihnen den Umständen entsprechend gut ging, und, falls nicht, mit einer Krankenschwester oder einer Pflegehelferin gesprochen. Dann hätte ich vielleicht ihre Hände oder Arme leicht berührt, falls sie das zu entspannen schien. Oder für sie gesungen. Oder ich hätte, falls es überhaupt welche gab, Fotos und andere Gegenstände von ihrem Toilettentisch genommen und ihnen gezeigt. Hauptsächlich hätte ich

jedoch die elementarste und schwierigste Arbeit einer Hospizseelsorgerin getan: Ich hätte versucht, einfach präsent zu sein.
»Dann haben Sie nur da gesessen?«
»Nein. Das heißt, ja. Ich meine, ich habe bei ihnen gesessen, aber nicht einfach nur da gesessen.«
Sie zog eine Augenbraue hoch.
»Ich saß bei ihnen und bot ihnen eine friedliche Präsenz an.«
»Eine friedliche Präsenz? Und wie genau machen Sie das? Das klingt, als würden Sie ihnen eine Tasse Kaffee anbieten.«
Das war der Moment, in dem ich einfach mit einem freundlichen Lächeln, einer witzigen Bemerkung das Thema hätte wechseln können. Ich konnte aber auch dranbleiben und es mit einer Erklärung versuchen, wohl wissend, dass es in ihren Ohren womöglich lächerlich klang.
»Also. Bevor ich das Zimmer betrete, atme ich tief durch und bitte Gott um seinen Beistand. Ich besinne mich darauf, warum ich da bin, und lasse im Kopf alles andere los. Ich versuche, in meinem Inneren den Fokus auf die Liebe zu legen. Dann gehe ich hinein, sage hallo und erspüre, ob die Person mich wahrnimmt. Ich lächle freundlich und stelle mich mit Namen vor. Ich versuche, in mir ein Gefühl von Frieden und Annahme und Liebe entstehen zu lassen, das meine Bewegungen, mein Sitzen, meinen Blick bestimmt. Ich lenke meine ganze Energie auf das Gesicht meines Gegenübers.«
Ihre Miene wechselte von Skepsis zu Ungläubigkeit. Da es mir noch nie etwas ausgemacht hat, mich in der Öffentlichkeit lächerlich zu machen, fuhr ich

fort: »Und dann stelle ich mir eine riesige Hülle aus Liebe vor, die den Patienten und mich umfängt. Das ist mein Vorgehen. So versuche ich, eine friedliche Präsenz zu erzeugen. Aber andere Seelsorger machen es sicher anders.«

Bestimmt zehn Sekunden lang sagte sie gar nichts. Lange genug, um die Stille peinlich werden zu lassen.

»Sie sitzen also nur da und versuchen, sie zu lieben? Wollen Sie das damit sagen?«, fragte sie kühl. »Und das soll eine richtige Arbeit sein? Für die man ein Studium braucht?«

»Genaugenommen ist das noch längst nicht alles«, sagte ich.

»Aber das haben Sie heute gemacht? Den ganzen Tag lang? Und haben auch noch Geld dafür bekommen?«

»Genau.«

»Und das betrachten Sie als Arbeit?«

Wirklich zu schaffen machte mir, dass ich mich an solchen Tagen, im Angesicht dieser Mauer aus Demenz, selbst fragte, was ich eigentlich getan hatte.

In der Kinofilmversion der Hospizseelsorge würde ich kurz vor dem Tod hereinstürzen, um dem Patienten die gehauchte Beichte abzunehmen und gleichzeitig die heulende Familie zu trösten. Der Patient würde ein paar schöne letzte Worte hervorstoßen und dann unvermittelt und leise aufhören zu atmen. Ich würde ihm danach feierlich die Augen schließen.

Das klingt gut, gehört aber ins Reich der Fiktion. Ein Großteil unserer Arbeit im Hospiz – das, was wir seelsorgerische Betreuung nennen – passiert schon Wochen, Monate oder, in einigen ungewöhnlichen Fällen,

sogar Jahre, bevor der Patient stirbt. Die Zahl der Hospizpatienten, deren Tod ich ganz konkret mitbekommen habe, kann ich an Händen und Füßen abzählen. Letztlich war ich häufiger dabei, wenn Patienten im Krankenhaus starben als im Hospiz.
Manche Leute, in vielen Fällen Skeptiker, gehen davon aus, dass Hospizseelsorger Scharlatane oder Missionierende sind, die wehrlosen Patienten und trauernden Familien ihren Glauben aufdrängen wollen. Vielleicht gibt es davon wirklich ein paar, aber mir ist noch nie einer begegnet. Manche Seelsorger sind fähiger und empathischer als andere, aber ich habe noch keinen kennen gelernt, den ich als Vollidioten bezeichnet hätte.
Was wir tun, ist jedoch schwer zu beschreiben. Das Wesentliche an einer sinnvollen seelsorgerischen Betreuung ist zwangsläufig nebulös und unbeschreibbar, und wer es beschreiben will, gerät schnell in den Ruf, kindisch zu sein.
An diesem Abend im Buchklub wäre es mir leichter gefallen zu erklären, was ich mache, wenn ich auch nur einen Teil dieses Tages mit einem Patienten oder einer Familie zugebracht hätte, die kommunizieren konnten, zu denen ich bereits eine Beziehung aufgebaut hatte und die sprechen wollten. In diesem Fall hätte ich erklären können, dass eine Hospizseelsorgerin gewissermaßen das Gegenteil von einer Geschichtenerzählerin ist. Wir bewahren die Geschichten auf.
Wir lauschen den Geschichten, die das Leben der Menschen geformt haben. Wir lauschen den Geschichten, die die Menschen zu erzählen bereit sind, und dem Sinn, den sie in solchen Geschichten sehen.

Während für manche Patienten die Religion bei der seelsorgerischen Betreuung eine zentrale Rolle spielt, ist es für viele andere nicht so. Seelsorgerische Betreuung, Glaube und Religion sind nicht dasselbe. Manche Hospizseelsorger mögen auch Priester und Pastoren sein, die aber in ihrer Rolle als Seelsorger nicht predigen oder lehren.

Stattdessen schaffen sie einen heiligen Ort – zeitlich und räumlich gesehen –, an dem Menschen ihr bisheriges Leben betrachten und herausfinden können, was das alles für sie bedeutet.

Wenn man mit Hunderten von Menschen spricht, die im Sterben auf ihr Leben zurückblicken, fällt einem etwas Erstaunliches auf: Jeder Mensch hat eine eigene Geschichte, eine seltsame, verrückte, erschütternde Geschichte, die ihm den Boden unter den Füßen wegzieht. Jeder Kunde im Lebensmittelgeschäft, jeder Telefonverkäufer am anderen Ende der Leitung, jede Mutter, die ihre Kinder von der Schule abholt, jeder Banker, der mit großen Schritten vorbei eilt. Geld, Glaube, Beliebtheit, Schönheit, Macht – nichts bewahrt einen davor.

Jeder von uns macht Dinge durch, die den inneren Kompass durcheinanderbringen und uns den Sinn abhanden kommen lassen. Jeder, der nicht jung stirbt, durchlebt eine Art spirituelle Krise, in der er das Gefühl dafür verliert, was richtig und falsch, möglich und unmöglich, real und nicht real ist. Man darf niemals unterschätzen, wie beängstigend, empörend, verwirrend, vernichtend es ist, so eine Krise zu durchleben. Sinn in etwas Sinnlosem zu finden, ist harte Arbeit. In sich zu gehen, ist schmerzhaft. Und diesen

Prozess der Sinnsuche oder Sinnfindung am Ende des Lebens begleitet eine Hospizseelsorgerin. Die Arbeit leistet nicht sie, sondern der Patient. Die Seelsorgerin ringt nicht mit den Ereignissen eines Lebens, die dem zuwiderlaufen, was der Patient als wahr gelernt hat, aber sie wendet sich auch nicht ängstlich ab. Sie versucht nicht, vorgefertigte Antworten zu geben, damit er aufhört, über den Schmerz zu reden, und bringt ihn nicht mit Plattitüden zum Verstummen, die ihr ein besseres Gefühl geben, aber nichts dazu beitragen, die von ihm empfundene Verwirrung und Sehnsucht aufzulösen. Die Seelsorgerin quält sich nicht selbst damit ab, Sinn im Angesicht des Todes zu finden, aber sie hat schon einige Menschen dabei begleitet. Sie weiß, was hilfreich sein kann und was nicht. Vielleicht stellt sie Fragen, auf die der Patient nie gekommen wäre oder die ihm helfen, sich an andere Situationen zu erinnern, in denen er etwas Schweres überstanden oder Sinn in etwas scheinbar Sinnlosem gefunden hat. Sie kann seiner Geschichte einen neuen Rahmen geben, kann eine andere Deutung anbieten, die er in Erwägung ziehen, akzeptieren oder verwerfen kann. Sie kann den Patienten an die größere Geschichte seines Lebens erinnern, oder an die Weisheit seiner Glaubenstradition. Sie kann, wenn er nicht mehr die Kraft oder Konzentration hat, die Mauern am Einstürzen zu hindern, einen Raum für Gebet, Meditation oder Rückschau offenhalten. Sie wird ihn nicht verlassen. Und was vielleicht am wichtigsten ist: Sie weiß, dass die Arbeit zu bewältigen ist. Sie weiß, dass er sie bewältigen kann und nicht davor zusammenbrechen wird.

So oft habe ich in der Stille gesessen, die Luft schwer und voller Spannung, während ein Patient mein Gesicht abgesucht hat. Mit der Zeit entwickelt man ein Gespür dafür, wann dieser Moment eintritt. Ein Gefühl der Elektrizität liegt in der Luft, und der Patient prüft die Ladung. Dann muss ich warten, denn ich weiß, wenn ich einfach präsent bleibe, schweige und warte, egal, wie schwer das fällt, wird der Patient irgendwie den Mut finden. Er wird das Unaussprechliche aussprechen. Er wird, nicht nur vor sich selbst, sondern auch vor einem anderen Menschen, das aussprechen, wovon er dachte, er würde es nie über die Lippen bringen, das Schlimme, von dem er dachte, schon das bloße Eingeständnis würde ihn zerstören.

Tatsache bleibt aber, dass eine Hospizseelsorgerin, bevor sie mit einem Patienten an diesen Punkt kommt – den Punkt, an dem er in ein tiefes Loch der Sinnlosigkeit starren oder sogar hineinspringen kann, um in dem einsamen existenziellen Morast dort unten zu kämpfen, bis allmählich eine Art Leiter auftaucht, eine Leiter, die auf eine Weise, die ich mir immer noch nicht ganz erklären kann, immer aufzutauchen scheint –, einen heiligen Raum schaffen muss, und dazu muss sie zuerst ihre liebevolle Präsenz anbieten.

Diese Geschichten können nämlich – und sind es oft – ganz entsetzlich sein. Sie waren entsetzlich, als sie passierten, und sie sind es immer noch. Viele Menschen meiden diese oft alles verändernden Geschichten ihr Leben lang.

Sie nun wieder ans Licht zu holen, kann der Patient nur dann ertragen, wenn er es gefahrlos tun kann. Er muss wissen, dass er dabei nicht allein ist. Und wenn

die Seelsorgerin dem Patienten, der sich anschickt, den Sprung zu wagen, eine Hilfe sein will, sollte sie nicht plötzlich zurückschrecken.
Wer meint, es sei keine Arbeit, ruhig und präsent zu bleiben und im Angesicht fürchterlichen Leidens keinen Rückzieher zu machen, der war noch nie in einer solchen Situation. Ich habe dabei schon versagt. Ich versuche, nicht zurückzuschrecken, nicht überfordert zu sein, nicht fortzulaufen. Und habe das alles doch schon getan.
Es gibt ein paar Patienten, die mir immer noch nachgehen, aber der einzige, der mich bis in meine Träume verfolgte, war der Patient, vor dem ich weggelaufen bin. Ich lernte ihn als Seelsorgepraktikantin in einem Krankenhaus kennen. Er lag auf einer Station, die das Pflegepersonal das »Tal des Todes« nannte, eine Station für Patienten, die an Beatmungsgeräten hingen. Die meisten waren Langzeitpatienten im Wachkoma. Auf diesen gerade erst zwanzigjährigen jungen Mann – fast noch ein Kind – traf das jedoch nicht zu. Er war hellwach und vollständig bei Bewusstsein. Er war nur wegen einer Infektion im Krankenhaus und sollte danach wieder nach Hause gehen.
»Er hört nicht auf zu weinen«, sagte die Krankenschwester, die mich auf meinem Piepser zu erreichen versucht hatte. »Seit Stunden weint er jetzt schon. Ich habe Sie gerufen, weil ich nicht wusste, was ich sonst noch machen sollte.«
Der Patient war ein breitschultriger Mann, der das ganze Bett einnahm. Trotz seines vom Weinen verquollenen Gesichts sah er überraschend gut aus. Zwischen den rhythmischen Atemzügen des Respirators erzählte

er mir, dass er vom Hals abwärts gelähmt sei, seit er an seinem ersten Tag auf dem College bei einem Raubüberfall angeschossen worden war.

»Ich hätte ihnen meine Schuhe gegeben. Ich hätte ihnen meine Schuhe gegeben. Ich hätte ihnen meine Schuhe gegeben. Ich hätte ihnen meine Schuhe gegeben. Ich hätte ihnen meine Schuhe gegeben. Ich hätte ihnen meine Schuhe gegeben«, wiederholte er immer wieder im Rhythmus der Maschine. Das Sprechventil an seiner Trachealkanüle erzeugte lange, unnatürliche Pausen zwischen seinen Worten. Er fing an zu weinen. Sein Schluchzen wurde von der Maschine, die für ihn atmete, gesteuert und kontrolliert. Ein Klagelaut und dann ein leises mechanisches Surren. Doch während seine Stimme regelmäßig, klinisch, rhythmisch unterbrochen klang, blieb sein Gesicht schmerzverzerrt, auch wenn kein Ton entweichen konnte. Wieder und wieder, Klagelaut und Surren.

Er fragte mich, warum Gott das zugelassen habe. Darauf hatte ich keine Antwort. Er sagte, niemand habe sich je seine Geschichte anhören wollen. Und er bat mich, ihn wieder zu besuchen. Ich versprach es ihm. Dann floh ich in den Gang, lehnte mich, froh, wieder draußen zu sein, mit dem Rücken an die kalte Wand und starrte vor mich hin.

Das war am Donnerstag. Den Freitag über gelang es mir, mich mit sinnlosen Beschäftigungen aufzuhalten. Ich rechnete fest damit, dass der Patient zum Wochenende entlassen würde. Das wurde er. Ich sah ihn nie wieder, und ich war erleichtert.

Der Gedanke, noch einmal inmitten seines Leidens zu sitzen, ließ mich erstarren. Schon die Erinnerung an

seine Qual überforderte mich. Meinem Betreuer in der Klinik erzählte ich nichts von meinem inneren Kampf, aus Angst, wieder hingeschickt zu werden. Ich lief vor diesem Kind-Mann weg, wohl wissend, dass er nicht hinter mir herlaufen konnte.
Nicht zurückzuschrecken ist Arbeit.
Aber das sind nicht die Geschichten, die man auf einer Party hören will, wo Cracker mit leckerem Ziegenkäse vor einem stehen.
Nicht, dass die Leute keine Geschichten mögen. Sie mögen sie durchaus. Was tut man denn auf Partys? Man erzählt sich Geschichten, und wenn es eine tolle Party ist, dann tanzt man. Vielleicht trinkt man etwas oder nimmt sogar Drogen, aber im Grunde sind all diese Dinge doch meistens nur die Wegbereiter für das Erzählen von Geschichten.
Von Geschichten, die heilen.

Lange Zeit dachte ich, dass mich meine eigene furchtbare Geschichte als seltsam und verflucht abstempelte. Nachdem ich aber so viele Geschichten gehört hatte, wurde mir schließlich klar, dass ich genauso war wie alle anderen. Meine Erfahrungen waren vielleicht einzigartig, meine Qual war jedoch ganz normal und ich war damit nicht allein. Das zu verstehen, war heilsamer als alles andere.
Ich besitze nicht die Macht, mit der mein Kindergartenkind mich ausgestattet sah. Ich lasse Menschen nicht sterben. Menschen sterben, ob eine Hospizseelsorgerin sie begleitet oder nicht. Das tun wir alle.
Aber die Frau aus dem Buchklub irrte sich ebenfalls. Es liegt eine Kraft darin, Menschen im Sterben zu beglei-

ten. Es liegt eine Kraft in den Geschichten ihres Lebens und dem Sinn, den sie darin gefunden haben. Nicht die Kraft von Leben und Tod, sondern von Heilung und Ganzheit. Diese Kraft ist nicht den Sterbenden vorbehalten. Sie kann jedem Menschen zuteilwerden, der bereit ist zuzuhören.

Es gibt tausend Geschichten, die mir von Patientinnen und Patienten erzählt wurden, aber dieses Buch enthält nur diejenigen, die Menschen ausdrücklich anderen mitteilen wollten. Diese Patienten hatten lange vor mir begriffen, dass manche Geschichten dazu bestimmt sind, verwahrt zu werden, während andere erzählt werden müssen. Sie ließen mich Teile ihrer Geschichten veröffentlichen, weil sie hofften, dass Menschen, die noch Jahre, Jahrzehnte, noch ein ganzes Leben vor sich haben, etwas darin finden würden, das ihnen helfen könnte, die Dinge zu lernen und zu verstehen, die ihnen selbst erst so spät klar geworden waren.

Ich weiß nicht, ob diese Geschichten Sie weise machen werden. Doch wenn Sie sehen, wie andere Menschen es vorgemacht haben, werden Sie vielleicht auch einen Weg finden, Ihrem Leben zu erlauben, gütig zu Ihnen zu sein.

# DIE FEUERPROBE DER LIEBE

## 2

Ich war Theologiestudentin und hatte gerade angefangen, als Seelsorgepraktikantin in einer Krebsklinik zu arbeiten, als mich ein Professor nach meiner Tätigkeit dort fragte. Mit meinen sechsundzwanzig Jahren lernte ich erst nach und nach, was eine Hospizseelsorgerin tut.
»Ich spreche mit Patienten«, sagte ich zu ihm.
»Sie sprechen mit Patienten? Worüber sprechen denn sterbenskranke Menschen mit einer Seelsorgepraktikantin?«, fragte er.
Darüber hatte ich im Grunde noch gar nicht richtig nachgedacht. Rasch versuchte ich mir wieder ins Gedächtnis zu rufen, worüber die Handvoll Menschen bei meinen Besuchen gesprochen hatten. Vor diesem Professor, der mich regelrecht einschüchterte, wollte ich mich nicht blamieren, aber mir fiel nichts anderes ein als: »Meistens sprechen wir über ihre Familien.«
»Sprechen Sie über Gott?«
»Hm, normalerweise nicht.«
»Oder ihre Religion?«
»Nicht so viel.«
»Den Sinn ihres Lebens?«
»Manchmal.«
»Und das Beten? Leiten Sie sie im Beten an? Oder in religiösen Riten?«
»Hm.« Ich zögerte. »Manchmal. Aber in der Regel eigentlich nicht.«
Ich spürte, wie sich Spott in die Stimme des Professors mischte. »Sie besuchen also einfach Leute und sprechen mit Ihnen über ihre Familien?«

»Nein, sie sprechen. Ich höre meistens zu.«

»Soso.« Er lehnte sich auf seinem Stuhl zurück.

Eine Woche später erzählte er mitten in seiner Vorlesung im vollen Hörsaal von einer Studentin, die er auf ihre Tätigkeit als Seelsorgepraktikantin in einem Krankenhaus angesprochen hatte.

»Ich fragte sie: ›Was genau *tun* Sie als Hospizseelsorgerin?‹, und sie antwortete: ›Nun, ich rede mit den Leuten über ihre Familien.‹« Er machte eine Kunstpause. »Das war also ihr Verständnis vom Glauben! *So tief* ging das geistliche Leben dieser Studentin: Über die Familien anderer Leute zu reden!«

Meine Kommilitonen lachten über diese oberflächliche Studentin. Und der Professor war jetzt in Schwung. »Wenn ich einmal ins Krankenhaus müsste, ja im Sterben läge, wäre der letzte Mensch, den ich sehen wollte, irgendeine studentische Seelsorgerin, die mit mir über meine Familie reden will.«

Mein Körper wurde taub vor Scham. Damals dachte ich, dass ich vielleicht als fertig ausgebildete Hospizseelsorgerin wissen würde, wie man mit Menschen über große spirituelle Fragen spricht. Mit einer guten, erfahrenen Seelsorgerin würden Sterbende ja vielleicht auch über Gott reden.

Würde mir jemand heute, mehr als fünfzehn Jahre später, dieselbe Frage stellen – Worüber sprechen Menschen, die sterbenskrank sind? –, ich würde ihm dieselbe Antwort geben: Meistens sprechen sie über ihre Familien, ihre Mütter und Väter, ihre Söhne und Töchter.

Sie sprechen über die Liebe, die sie gespürt, und die Liebe, die sie geschenkt haben. Oft auch über die Liebe, die sie nicht empfangen haben, oder die Liebe, die sie nicht schenken konnten, oder über die Liebe, die sie zurückhielten oder für diejenigen, die sie bedingungslos hätten lieben sollen, vielleicht nie empfanden.

Sie sprechen darüber, wie sie lernten, was Liebe ist und was nicht. Und im Augenblick des Todes, wenn Flüssigkeit in ihrer Kehle gurgelt, strecken sie manchmal die Hände nach etwas aus, das ich nicht sehen kann, und rufen nach ihren Eltern: Mama, Papa, Mutter. Was ich als Studentin noch nicht verstand, heute aber dem Professor erklären würde, ist, dass Menschen mit einer Hospizseelsorgerin über ihre Familien sprechen, weil wir *genau so* über Gott sprechen. Über den Sinn unseres Lebens. Über die großen spirituellen Fragen der menschlichen Existenz.

Wir leben unser Leben nicht im Kopf, in theologischen und theoretischen Begriffen. Wir leben unser Leben in unseren Familien: der Familie, in die wir hinein geboren wurden, der Familie, die wir gründen, der Familie, die wir mit den Menschen bilden, die wir uns als Freunde aussuchen. Dort gestalten wir unser Leben, dort finden wir Sinn und dort schält sich unsere Bestimmung heraus.

Die Familie ist der Ort, an dem wir zum ersten Mal Liebe erleben und zum ersten Mal Liebe schenken. An dem wir vermutlich auch zum ersten Mal von jemandem, den wir lieben, verletzt wurden, und an dem wir mit etwas Glück erfahren, dass Liebe auch die schmerzvollste Ablehnung überwinden kann. In dieser Feuerprobe der Liebe fangen wir an, die großen spirituellen Fragen zu stellen, und dort enden sie schließlich auch.

Ich habe solche Ausdrucksformen der Liebe gesehen. Einen Mann, der seiner Frau mit einem kühlen Waschlappen behutsam das Gesicht wäscht, dann, um an ihren Nacken zu kommen, ihren kahlen Kopf mit seiner Hand stützt, weil sie zu schwach ist, ihn selbst vom Kissen zu heben. Eine Tochter, die ihre Mutter, von der sie seit Jahren nicht mehr erkannt wird, mit Pudding füttert. Eine Ehefrau, die ihrem gerade verstorbenen Mann das Kissen unter dem Kopf glattstreicht, ehe sie dem Bestatter hilft, ihn auf die bereitstehende Trage zu heben.

Den Sinn unseres Lebens finden wir nicht in Büchern oder Hörsälen, ja nicht einmal in Kirchen oder Synagogen. Er zeigt sich in diesen Akten der Liebe. Wenn Gott Liebe ist, und davon bin ich überzeugt, dann erfahren wir immer dann etwas über Gott, wenn wir etwas über die Liebe erfahren. Die erste und normalerweise die letzte Unterweisung in der Liebe bekommen wir in der Familie.

Das Bemerkenswerte an dieser Feuerprobe der Liebe ist, dass die Liebe, die wir in unseren Familien erfahren, nicht vollkommen sein muss. Im Grunde genommen kann sie gar nicht vollkommen sein, denn niemand von uns ist vollkommen.

Manchmal ist diese Liebe nicht nur unvollkommen, sondern scheint ganz zu fehlen. In Familien geschehen fürchterliche Dinge. Leider sehr oft erzählen mir Patienten, wie es sich anfühlt, wenn der Mensch, den sie lieben, sie schlägt oder vergewaltigt. Sie erzählen mir, wie es sich anfühlt, zu wissen, dass sie von ihren Eltern nicht erwünscht sind. Wie es sich anfühlt, das Ziel der Wutausbrüche eines anderen zu sein. Wie es sich anfühlt, zu wissen, dass man seine Kinder im Stich gelassen, die Familie mit seiner Alkoholabhängigkeit zerstört oder sich nicht um diejenigen gekümmert hat, die einen gebraucht hätten.

Selbst in diesen Fällen staune ich über die Kraft der menschlichen Seele. Selbst die Menschen, die in ihrer Familie keine Liebe erfahren haben, wissen, dass sie hätten geliebt werden *sollen*. Irgendwie kennen sie die Liebe durch deren Abwesenheit. Irgendwie wissen sie, was fehlt und was sie als Kinder und Erwachsene verdient hätten.

Wenn die Liebe unvollkommen oder eine Familie destruktiv ist, kann etwas anderes gelernt werden: Vergebung. Die spirituelle Arbeit des Menschseins besteht darin, zu lernen, wie man liebt und wie man vergibt.

Diese Arbeit ist das Geschenk, das wir einander machen, denn in dieser Welt gibt es kaum etwas, wonach die Menschen sich mehr sehnen als nach der Liebe und der Vergebung ihrer Mütter und Väter, Töchter und Söhne.

# 3 GLORIAS BABY

Gloria nahm aus einer Schale eine Erdbeere und gab sie mir. Rechts und links ihrer Ruheliege hatte sie zwei typische Krankenhausbett-Tische stehen. Sie waren übersät mit Katalogen und Zeitschriften, Karten mit Genesungswünschen von Freunden, die nicht mehr zu Besuch kamen, dazu Handy und TV-Fernbedienung, Notizblock und Kugelschreiber, Lippenpflegestift und Kosmetiktücher, Wasserflaschen, Bücher mit Kreuzworträtseln und eine Häkelarbeit, die ich sie nie habe in die Hand nehmen oder fortsetzen sehen. Mit geübter Hand schob sie einen Tisch zur Seite, während sie den anderen vor sich und über ihre Beine schob. Darauf standen an diesem Tag eine große Schale mit Erdbeeren und eine kleinere für die grünen Stiele. Sie freute sich über diese Erdbeeren und aß sie mit Vergnügen.

»Die geben mir das Gefühl, ich wäre wieder ein kleines Mädchen auf der Farm, draußen in der Sonne«, sagte sie. »Ich kann mich gar nicht mehr erinnern, wann ich das letzte Mal einen ganzen Tag in der Sonne verbracht habe.« Dann: »Es ist natürlich nicht die Hitze, die ich vermisse, oder draußen auf dem Feld zu sein. Nur den Sonnenschein, das Gefühl vermisse ich.«

»Sind sie auf einer Farm aufgewachsen?«, fragte ich.

»Nein, nein«, erwiderte sie rasch. »Ich habe nur als Kind viel Zeit dort verbracht.«

Das Gespräch schweifte ab, doch nach ein paar Minuten wurde sie still und nachdenklich. Sie nahm sich noch eine Erdbeere, schloss die Augen und aß sie ganz langsam.

»Ich möchte Ihnen eine Geschichte erzählen«, sagte sie. »Jeden Sonntag nach der Kirche zogen wir alle unsere Arbeitssachen an. Meine Großmutter holte uns mit ihrem großen Auto ab und wir, meine Brüder, mein Vater und ich, fuhren zusammen zu einer Farm draußen auf dem Land. Sie gehörte einer schwarzen Familie. Die Farm war nicht besonders groß und in keinem guten Zustand, denn es gab keinen Farmer. Er war tot, und seine Frau versuchte allein durchzukommen.

Wir fuhren also da raus und arbeiteten uns die Finger wund. Wir alle, sogar meine Großmutter. Wir waren draußen auf dem Feld, halfen bei der Ernte und beim Unkrautjäten. Selbst als ich noch ganz klein war, las ich schon Steine auf, damit gepflügt werden konnte. Wir arbeiteten in Haus und Scheune, reparierten, was kaputt, und putzten, was schmutzig war.

Das machte mir aber gar nichts aus. Es gefiel mir sogar, denn dort waren eine Handvoll Kinder, mit denen wir spielen konnten. Wir gingen hinunter an den Bach und spielten Verstecken. Wir bauten Burgen, versetzten uns in ein Märchenland und spielten einander kleine Streiche. Wir hatten viel Spaß. Zu Mittag erwartete ihre Mutter uns mit einem üppigen Essen und später gab es auch noch etwas zu Abend. Ich fuhr gerne dort hinaus. Allerdings wusste ich nicht, wer sie waren oder warum wir zu ihnen fuhren. Wir besuchten nie irgendwelche anderen schwarzen Leute. Nur diese Familie. Wir fuhren auch zu keiner anderen Farm. Nur zu dieser.

Wenn ich als kleines Kind ab und zu fragte, hieß es immer, ich solle still sein. Als Jugendliche fragte ich dann einmal, wer sie seien und warum wir jeden Sonntag zu ihnen hinausführen, doch da versetzte meine Mutter

mir eine heftige Ohrfeige und befahl mir, nie wieder zu fragen. Und daran hielt ich mich.
Als ich erwachsen war, heiratete und selbst Kinder hatte, bin ich nicht mehr hingefahren. Ich weiß nicht, ob mein Vater und meine Großmutter weitergemacht haben, weil ich sie nie danach gefragt habe. Es war einfach nichts, worüber wir sprechen konnten. Nie.
Und dann hab ich's irgendwie vergessen. Nicht ganz, aber eine Zeitlang habe ich nicht mehr daran gedacht. Wir haben nie über diese Familie gesprochen und ich habe sie nie wiedergesehen. Ich glaube, ich wusste nicht einmal ihren Nachnamen.
Die Jahre vergingen. Und dann, bei der Beerdigung meiner Großmutter, kam eine schwarze Frau auf mich zu. Sie warf mir die Arme um den Hals. ›Erkennst du mich wieder?‹, fragte sie.
Ich war völlig perplex. ›Nein‹, antwortete ich.
›Ich bin Betty‹, sagte sie. ›Von der Farm. Sonntags immer. Wir haben als kleine Mädchen zusammen gespielt.‹ Und dann erkannte ich sie doch. Ich hatte sie als Jugendliche das letzte Mal gesehen.
Und dann. Ja, dann sagte sie: ›Ich bin deine Cousine.‹
Ich stand mit offenem Mund da, Kerry. Diese ganze Familie – das waren meine Verwandten. Mein eigenes Fleisch und Blut. Der Bruder meines Vaters hatte sich in eine schwarze Frau verliebt. Draußen auf dem Land lebten sie heimlich zusammen und bekamen Kinder. Und als er dann starb, blieb sie allein zurück, eine Frau und fünf kleine Kinder, die die Farm bewirtschaften sollten. Deshalb fuhren wir alle hin und arbeiteten, bis uns die Finger bluteten. Weil sie es allein nicht schaffte. Sie waren mein Cousins und Cousinen, die Nichten und

Neffen meines Vaters, die Enkelkinder meiner Großmutter.«
Gloria lehnte sich in ihrer Ruheliege zurück und breitete lachend die Hände aus. »Die ganze Zeit waren sie meine Cousins und Cousinen gewesen.«
»Und Sie hatten keine Ahnung, all die Jahre nicht?«
»Nein. Es war ein großes Geheimnis.«
»Aber Betty wusste Bescheid?«, fragte ich. »Sie wusste es bei der Beerdigung. Hatte auch sie es gerade erst herausgefunden?«
»Nein, nein, sie hatte es schon immer gewusst. Sie alle wussten es die ganze Zeit, die schwarzen Kinder. Selbst die kleinen, sie wussten, wer wir waren und wer sie waren.«
»Aber Moment mal! Die ganze Zeit über wussten die Kinder, wenn Sie sonntags zu Besuch kamen, dass Sie Cousinen und Cousins waren, und haben es Ihnen nie gesagt? Warum nicht?«
»Weil sie alle darauf eingeschworen waren, niemandem davon zu erzählen, bis meine Großmutter starb.«
»Warum?«
»Wegen ihrer Scham. Sie mussten geheim halten, wer sie wirklich waren.«
»Wegen der Scham Ihrer Großmutter?«, fragte ich.
»Der Scham, schwarze Enkelkinder zu haben.«
»Aber sie – Sie alle – fuhren doch jeden Sonntag hin. Bis an ihr Lebensende. Und das, obwohl sie sich so schämte?« »Sie waren ja trotzdem ihre Enkelkinder«, sagte Gloria, scheinbar verwundert über meine Fragen. »Ich weiß, dass sie es geheim hielten, weil sie mich schützen wollten.«
»Sie schützen, wie denn das?«, fragte ich.

»Kerry?« Wieder fing sie an zu lachen. »Verstehen Sie das wirklich nicht? Vor dem Wissen, dass ich eine schwarze Familie hatte. Dass mein Onkel mit einer Negerin durchgebrannt war. Sie sprachen nicht darüber, um mich zu schützen.«

»Aber wovor denn?«

»Ich vermute mal, vor der Scham. Sie wollten verhindern, dass auch ich diese Scham mit mir herumtragen müsste.« Sie seufzte, und ich wusste, dass es jetzt besser war zu schweigen. »Damals waren die Zeiten einfach anders. In meiner Familie gab es so viele Geheimnisse.«

In der Welt gibt es so viele Geheimnisse. Manche von ihnen trage ich mit mir herum, Geheimnisse, die mir von Patienten und Familienmitgliedern anvertraut wurden. Die meisten haben direkt mit den Menschen zu tun, die sie mir erzählt haben, mit Dingen, die sie getan, gedacht, gefühlt oder sich gewünscht haben, Dingen, von denen sie nie gedacht hätten, dass sie darüber sprechen könnten. Dingen, die ihnen widerfuhren, die man ihnen angetan hatte, als sie noch klein waren. Oder hilflos. Oder verzweifelt. Geheimnisse über sie selbst.

Doch manche dieser Geheimnisse, in die ich eingeweiht wurde, waren komplizierte Familiengeheimnisse. Geheimnisse, die über Generationen hinweg nicht gelüftet wurden und die von Kindern verlangten, Komplizen ihrer eigenen Scham zu sein, so wie Glorias Cousins und Cousinen.

Darum geht es nämlich bei Geheimnissen – um Scham. So wie der Glaube, dass es einen selbst oder jemand anderen schützen würde, etwas zu verschweigen, nährt sich die Scham aus dem Gedanken, dass irgendein Teil von uns so monströs, so schrecklich, so unmenschlich ist, dass er auf keinen Fall ans Licht kommen darf. Die schwere Demütigung und der Schmerz, die man empfindet, wenn man wegen einer vermeintlichen Verfehlung bloßgestellt wird, verstärken nur das Bedürfnis, das Geheimnis zu wahren. Falls Menschen solche mit Scham erfüllten Geheimnisse überhaupt je lüften, dann tun sie es oft mit einem so heftigen Zittern in Körper und Stimme, dass man sie kaum versteht, zerrissen zwischen Angst und Unaufschiebbarkeit, geschüttelt von der unglaublichen Energie, die es gebraucht hat, diese Geheimnisse so lange zu hüten.

Warum aber erzählen Menschen mir nach so langer Zeit ihre Geheimnisse? Ich glaube nicht, dass sie Vergebung suchen. Ich bin ja kein Pfarrer, Rabbi oder Pastor. Ich habe weder eine sakramentale Absolution noch eine andere formale Vergebung im Namen Gottes anzubieten. Nein, wenn jemand mir ein schamerfülltes Geheimnis anvertraut, fühlt sich das nicht wie eine Beichte an. Eher wie eine Entlastung.

Mitte des zwanzigsten Jahrhunderts schrieb die große Kulturanthropologin Ruth Benedict über die Unterschiede zwischen Kulturen, die auf Scham, und solchen, die auf Schuld basierten. Schuld und Scham sind nicht dasselbe. Genaugenommen sind sie Gegensätze.

In einer Kultur, die auf Schuld basiert, zwingt die Gesellschaft den Menschen ihre Normen und Regeln auf, indem sie ihnen einen moralischen Kompass anerzieht, der falsch und richtig definiert. Wenn sie ihn missachten, haben sie wegen der Tat selbst und ihrer möglichen Auswirkungen auf andere ein schlechtes Ge-

wissen. Das Schuldgefühl betrifft die Verfehlung und entsteht von innen heraus. Selbst wenn niemand anderes von dem Fehlverhalten weiß, lässt es ein Schuldgefühl aufkommen.
In einer auf Scham basierenden Kultur hingegen fußt die soziale Kontrolle auf einem Ehr- oder Pflichtgefühl, und Unrechtsbewusstsein erwächst aus der Angst davor, von anderen gedemütigt oder ausgegrenzt zu werden. Verletze ich eine soziale Norm, ist meine Ehre – bin ich selbst unwiederbringlich – geschädigt und die Ehre meiner Familie dazu. Scham entsteht aus dem Wissen der anderen. Scham beruht auf Schmerz und Angst; sie funktioniert, weil der beschämte Mensch emotionalen und psychischen Schmerz erleidet und infolgedessen Angst hat, irgendwann wieder beschämt zu werden. Hat ein Mensch etwas als beschämend Geltendes getan, kann es passieren, dass er dafür aus seiner Gemeinschaft ausgestoßen, körperlich versehrt oder sogar getötet wird. Daraus folgt der dringende Wunsch, Beschämendes geheim zu halten.
Auch wenn zur sozialen Kontrolle in der einen Kultur mehr auf Scham, in der anderen mehr auf das Schuldgefühl gesetzt wird, schließen beide sich keineswegs gegenseitig aus; Menschen können beides empfinden. Scham spielt im Seelenleben der Menschen eine ebenso große Rolle wie das Schuldgefühl, denn sie stellt ein existenzielles Problem dar. Wenn Menschen Scham empfinden, glauben sie, dass mit ihrer Persönlichkeit, ihrer Seele, grundsätzlich etwas nicht in Ordnung ist. Scham leitet sich nicht nur daraus ab, was man getan oder gefühlt hat, sondern daraus, wer man zu *sein* glaubt.

Ich schämte mich zutiefst dafür, dass ich psychotisch gewesen war. Ich dachte, mein Innerstes sei ausgelöscht oder im besten Fall vollständig verdorben worden.

Diese Scham basierte auf dem gewaltigen Makel, der psychischer Erkrankung in unserer Gesellschaft anhaftet. In der Diskussion mit anderen Müttern das Thema der postpartalen Depression zu erwähnen, war ja gerade noch akzeptabel, aber von einer Wochenbettpsychose zu sprechen, machte einen mit Sicherheit zur Außenseiterin. Wie ein sympathischer (und mir lieb gewordener) Psychiater einmal zu mir sagte, »haben (wir) einfach keine Selbsthilfegruppen für Menschen mit medikamenteninduzierter Psychose als Folge der Narkose bei einer Entbindung«.

Während gute Freundinnen versuchten, mich damit zu beruhigen, dass ich in dieser psychotischen Phase einfach »nicht ich selbst« gewesen sei, stellte sich für mich die Frage, wer genau ich denn dann war?

Eine Antwort darauf hatte ich selbst parat: Ich war eine schlechte Mutter. Dass die Geburt so außergewöhnlich schlecht gelaufen war, schien für mich nicht auf medizinische Komplikationen oder Fehlentscheidungen seitens eines Anästhesisten hinzuweisen. Es schien zu bedeuten, dass ich im tiefsten Inneren als Mutter versagt hatte. Mal ehrlich, wessen erster Entbindungsversuch geht denn schon so daneben? Ich kam mir vor, als sei ich verflucht.

Die logische Konsequenz dieser ganzen Scham: Geheimnisse. Ich lernte auf die harte Weise, Leuten nicht zu erzählen, was mir passiert war.

Das Problem mit Geheimnissen ist nur, dass sie so kraftraubend sind. Und auch wenn sie vielleicht das schützen, was Menschen als ihre verwundbarsten Stellen betrachten, ist der Preis für diesen Schutz enorm hoch.

»Ich muss Ihnen noch eine andere Geschichte erzählen«, sagte Gloria einige Wochen später. Sie war kontinuierlich kränker und schwächer geworden, sodass ich sie nun zum ersten Mal in ihrem Schlafzimmer und nicht mehr im Wohnzimmer besuchte. Doch trotz ihrer Erschöpfung bestand sie darauf, aufzustehen und sich angezogen in ihren Sessel zu setzen.
Wir hatten uns eine ganze Weile gut gelaunt über die demütigende Tatsache unterhalten, dass Gloria zum Baden und für den Toilettengang die Hilfe ihres Nachbarn Ronald in Anspruch nehmen musste. Vielen Südstaatenfrauen ihres Alters wäre das vermutlich peinlich gewesen, doch Gloria fand es urkomisch, dass der letzte Mann, der sie wahrscheinlich nackt sehen würde, ein arbeitsloser vierzigjähriger Schwuler war. »Soweit ist es also gekommen«, sagte sie lachend.
Dann hörte sie auf zu lachen und biss sich auf die Lippe. »Und es ist nicht nur eine Geschichte, die ich Ihnen erzählen will. Sie müssen etwas für mich tun.«
»Ich werd's versuchen. Auf jeden Fall«, sagte ich.
»Versuchen ist nicht genug.« Sie drehte sich von mir weg und starrte schweigend geradeaus. Das sah ihr überhaupt nicht ähnlich. Nach ungefähr einer Minute begann sie zu reden.
»Mit neunzehn wurde ich schwanger«, fing sie an. Im Gegensatz zu sonst lachte sie nicht beim Erzählen, ja, im Grunde schien sie diese Geschichte gar nicht mir zu erzählen. Sie sprach langsam, mühevoll und hielt

nach jedem Satz mit leicht schockiertem Gesichtsausdruck inne, so als überraschte das Erzählte sie selbst. Sie wirkte fast wie in Trance. Doch sie zögerte nicht. Sie erzählte wie unter Zwang, als könnte sie, nachdem sie einmal angefangen hatte, nichts mehr bremsen.

»Ich war nicht verheiratet. Es war der Freund meiner besten Freundin. Sie hatten sich getrennt. Er lud mich zu einer Spritztour ein. Ich hatte nie einen Freund gehabt und fühlte mich geschmeichelt.

Bis dahin hatte ich noch nie Sex gehabt, und ich wusste nicht, was da passierte. Es war … es war reine Verwirrung. Ich war dumm. So dumm.

Bis ich feststellte, dass ich schwanger war, waren er und meine beste Freundin wieder zusammen und inzwischen verlobt. Sie war so glücklich. Ich konnte es ihr nicht sagen.

Nun war ich aber kein junges Mädchen mehr. Ich war eine erwachsene Frau, mit einem Job als Sekretärin. Allerdings wohnte ich immer noch bei meinen Eltern und hatte wirklich nicht die geringste Ahnung von Sex. Das klingt verrückt, ich weiß, aber so war es. Als ich es meinen Eltern erzählte, wollte mein Vater … oh Gott, mein Vater.

Er war so streng. Er war der strengste Vater der Welt. Wir durften nicht einmal Röcke bis übers Knie oder einen Hauch von Lippenstift tragen. Ich durfte mir die Augenbrauen nicht zupfen. Und dann schwanger zu werden. Schwanger. Oh Gott. Ich dachte, er würde mich umbringen.

Doch stattdessen schickten sie mich in ein Heim. Er und meine Mutter, beide. Sie willigte ein, meine Mutter. Sie sagten, das wäre der einzige Weg. Ich musste gehen, weil ich sonst keine Wohnung hatte. Keinen Mann zum Heiraten, nicht genug Geld, um ein Baby großzuziehen, und wenn erst einmal irgendjemand herausgefunden hätte, dass ich schwanger war, würde ich meinen Job sowieso verlieren. Welche Wahl hatte ich also? Welche Wahl hatte ich? Keine. Ich hatte keine Wahl.

Damals waren die Dinge noch ganz anders. Ich saß in der Falle. Frauen wie ich endeten in der Gosse. Ich wollte nicht in der Gosse enden. Ich wollte es nicht. Deshalb musste ich gehen.

Das Heim war in Charleston. Ich kannte Charleston nicht, aber wir durften nicht rausgehen und uns die Stadt ansehen. Wir blieben immer drinnen, ich und die anderen Mädchen dort. Sechs Monate später hatte ich mein Baby. Man sagte mir, ich solle es nicht anschauen, sonst würde es noch schwerer, es wegzugeben. Das würde ich nämlich tun. Das musste ich tun.

Nach ein paar Tagen kam ich in das Haus meiner Eltern zurück. Als sie mich abholten, fragten sie nicht danach. Ich bekam von keinem der anderen Mädchen in dem Heim die Adresse. Mit jeder Faser meiner Seele wusste ich, dass ich einen Fehler gemacht hatte. Ich war wie ein Tier im Käfig, unaufhörlich in Bewegung. Ich hatte einen schrecklichen Fehler gemacht. Ich musste mein Baby zurückholen.

Ich rief in dem Heim an und sprach mit der Sozialarbeiterin. Sie war eine Jüdin aus New York und hieß Ruth. Sie war so dünn, dass man sich wunderte, sie aufrecht stehen zu sehen. Dennoch hat mich keine andere Frau je so eingeschüchtert wie sie.

Ruth sagte, ich könne das Baby nicht zurückbekommen. Ich sagte ihr, ich wolle es zurückhaben. Sie sagte mir, dass das Baby in einer Familie besser aufgehoben sei. Ich sagte, ich wolle es zurückbekommen. Sie sagte, in Anbetracht der Tatsache, dass ich kein Geld und keinen Mann hätte, würde es ihm ohne mich besser gehen. Ich sagte ihr nur immer wieder, dass ich mein Baby zurückhaben wolle. Schließlich sagte sie, dass ich, wenn ich das Baby wirklich zu mir nehmen wolle, dafür bezahlen müsse. Ich müsse es zurückkaufen. Ich müsse das ganze Geld zurückzahlen, das sie für mich ausgegeben hätten, also die Kosten für sechs Monate Unterkunft und Verpflegung, die Besuche des Arztes, die Entbindung im Krankenhaus, die Besuche des Kinderarztes und die Formulare, und für die Kinderschwestern, die sich seit seiner Geburt um das Kind gekümmert hätten. Es tue ihr leid, aber so seien die Vorschriften.

›Wenn ich das kann‹, fragte ich, ›wenn ich es schaffe, dieses Geld zurückzuzahlen, kann ich es dann haben? Bekomme ich dann mein Baby zurück?‹

›Ja‹, antwortete sie. ›Aber Sie würden einen Fehler machen‹, sagte sie mit der ruhigsten, ärgerlichsten Stimme, die ich je gehört hatte. ›Einen schrecklichen Fehler, und es wäre das Allerschlimmste für das Baby und für Sie. Sie haben keinen Mann, keine eigene Wohnung, nicht genug Geld, um ihm Schuhe, Kleidung und Essen zu kaufen.‹

Ich verkaufte alles, was ich hatte, um dieses Geld zusammenzukriegen. Ich verkaufte mein Auto. Meinen Plattenspieler und all meine Schallplatten. Meine gesamte Kleidung außer einem Kleid und einem Paar Schuhe. Ich verkaufte alle Geschenke, die ich je bekommen hatte, jedes kleinste Schmuckstück. Ich verkaufte sogar meine Lockenwickler. Ich nahm meine gesamten

Ersparnisse bis zum letzten Penny. Schließlich hatte ich genug Geld zusammen.

Als ich meinen Eltern sagte, dass ich mein Baby zurückholen würde, dachte ich, meinen Vater träfe der Schlag, auf der Stelle, dort im Wohnzimmer. Ich habe nie wieder jemanden so wütend gesehen. Ich hatte solche Angst. Ich dachte, vor lauter Angst würde ich zu Staub zerfallen. Aber ich wusste, dass ich es so machen musste.

Sie warfen mich hinaus. Ich ging zu meinen Freunden, die mir aber nicht helfen konnten. Sogar meiner besten Freundin und ihrem Mann, dem Vater meines Sohnes, erzählte ich davon. Ich weiß nicht, ob er wusste, dass er der Vater war. Aber er sah mir in die Augen und sagte nein. Nein, er würde mir nicht helfen. Ich hatte keine Bleibe.

Schließlich ging ich zu meiner Großmutter. Sie besaß eine große Farm draußen auf dem Land. Ich erzählte ihr, was passiert war. Ich hatte Angst, dass auch sie mich hinauswerfen würde. Doch stattdessen sagte sie: Ich werde dir helfen. Du und dein Baby, ihr könnt hier bei mir wohnen.

Sie fuhr mich in ihrem Auto nach Charleston. Als wir dort ankamen, empfing uns Ruth, die jüdische Sozialarbeiterin, in ihrem Büro. Sie fragte mich, ob ich wirklich sicher sei. Darauf schob ich nur den Brief mit Geld über den Tisch. Und sie sah mich sehr eindringlich an. Sie war keine Frau, die gerne lächelte. Und sie lächelte auch jetzt nicht. Aber ihre Gesichtszüge waren nicht so hart wie sonst, fand ich. Fast weich, dachte ich. Hoffte ich.

Ruth bat eine Kinderschwester, das Baby herzubringen. Es war nun schon einen Monat alt. Ich würde es zum allerersten Mal sehen.

Als die Schwester dann mit dem Jungen kam, stand meine Großmutter auf, ging auf sie zu und streckte die Arme nach ihm aus. Doch Ruth stand ebenfalls auf und stellte sich zwischen meine Großmutter und das Baby. ›Nein‹, sagte sie. ›So geht das nicht.‹ Sie nahm das Kind selbst in den Arm. Ich dachte, sie würde es mir hier vor meinen Augen doch wieder wegnehmen. Stocksteif an meinem Stuhl klebend, fing ich an zu weinen.

Doch stattdessen kam sie zu mir und legte mir das Kind in die Arme.

›Sie ist die Mutter‹, sagte Ruth zu meiner Großmutter. ›Sie darf ihn halten.‹

Dann wandte sich Ruth mir zu. ›Ich kenne keine Frau, die mehr Mutter wäre als Sie‹, sagte sie zu mir. ›Sie sind seine Mutter. Lassen Sie nicht zu, dass irgendjemand Ihnen das Kind wegnimmt. Wenn Sie ihn sein ganzes Leben lang so lieben, wird es ihm gutgehen.‹ Sie lächelte immer noch nicht, legte mir aber die Hände auf die Arme und drückte sie, kräftiger als ich es bei einem so dünnen Menschen für möglich gehalten hätte.

Ich habe in meinem Leben so viele Fehler gemacht. Das ist das einzige, wovon ich weiß, dass ich es richtig gemacht habe. Es ist das Beste, was ich in meinem ganzen Leben getan habe. Ich habe gekämpft, um mein Baby wiederzubekommen, habe alles dafür aufgegeben. Es ist das Größte, was ich je getan habe oder tun werde. Ich hatte mein Baby wieder.«

Ganz außer Atem von der Kraftanstrengung des Erzählens, hielt Gloria inne. Sie erwachte wie aus einer

Trance, und ich ebenso. Ihr Gesicht sah anders aus. Erschöpft, aber entschlossen fixierte sie mich.
»Ich möchte, dass Sie es ihm erzählen«, sagte sie. »Ich gebe Ihnen seine Telefonnummer, und dann rufen Sie meinen Sohn an und erzählen es ihm. Ich möchte, dass er es weiß. Sein Vater war immer so gemein zu ihm, und der Junge soll verstehen, dass es nicht an ihm lag. Sein Vater war gemein, weil er einen Groll auf ihn hatte. Mein Sohn war nicht sein Kind. Ich habe ihn geheiratet, als der Junge ein Jahr alt war, aber er hat ihn nie richtig lieben gelernt. Ich dachte, er würde es irgendwann tun, aber er tat es nie. Mein Sohn soll wissen, dass es nicht an ihm lag, daran, dass mit ihm irgendetwas nicht gestimmt hätte. Ich glaube, dass er das immer gedacht hat. Er wusste, dass sein Vater ihn nicht richtig liebte. Bevor ich sterbe, soll mein Baby den Grund dafür erfahren. Rufen Sie ihn an und sagen Sie ihm, dass sein Vater nicht sein wirklicher Vater ist? Holen Sie Ihr Handy raus, dann gebe ich Ihnen seine Nummer, und wenn Sie draußen sind, rufen Sie ihn an.«
Ich stotterte und stammelte. Ich weiß gar nicht, warum mich ihre Bitte so schockierte. Vielleicht, weil ich normalerweise nur zuhöre, aber nicht aktiv werde. Darauf war ich nicht gefasst, und ich hatte keine Ahnung, wie ich Gloria sagen sollte, dass ich ihrer Bitte nicht entsprechen konnte.
Sie starrte mich an, während ich mit offenem Mund da saß. Schließlich sagte sie: »Es ist doch nur ein Anruf.«
Ich gab mir einen Ruck und sagte so freundlich wie möglich: »Ich glaube, das müssen Sie ihm schon selbst sagen.«

Während Gloria mir die Geschichte erzählt hatte, war sie die ganze Zeit ruhig gewesen, doch jetzt stiegen ihr Tränen in die Augen und ihre Hände begannen zu zittern.

»Ich kann es ihm nicht sagen. Ich kann es nicht. Bitte. Das müssen Sie machen.«

»Das wäre aber ein ziemlicher Schock für ihn, Gloria, wenn ich ihn aus heiterem Himmel anrufen und ihm erzählen würde, dass sein Vater in Wirklichkeit gar nicht sein Vater ist. Er kennt mich ja nicht einmal.«

»Er wäre erleichtert. Und glücklich. Anders kann es gar nicht sein.« Sie fing an zu weinen.

»Sie könnten es ihm erzählen«, sagte ich ihr so freundlich wie möglich.

»Nein! Nein, das kann ich nicht!«

»Warum nicht?«

»Weil –« Und dann konnte sie kaum noch sprechen. Sie zitterte so stark, dass die Ruheliege unter ihr mit zitterte. »Weil was –« Sie klang, als würde sie ersticken. »Weil was, wenn« – sie hyperventilierte fast –, »wenn er findet, dass ich ihn lieber nicht hätte zurückholen sollen?«

Der Gedanke hing schwer in der Luft.

Mit den Jahren habe ich gelernt, dass diese schweren, schmerzhaften, angsterfüllten Momente – und das sind sie für mich wahrhaftig auch –, diese Momente, in denen ich so gerne etwas sagen würde, um die Anspannung zu durchbrechen, genau die Momente sind, in denen ich still sein muss. In denen ich diesen geheiligten Raum offenhalten muss. Denn wenn ich still bin und an diesem Ort auszuharren vermag, egal, wie schwer das uns beiden fällt, kann etwas passieren.

Gloria zitterte und weinte ein Weilchen, aber längst nicht so lange, wie man hätte annehmen können. Nun, da sie ihre größte Angst ausgesprochen hatte, konnte sie sie näher betrachten.
»Und wenn er nun findet, dass das Beste, was ich je getan habe, gar nichts Gutes war? Wenn die Sozialarbeiterin doch recht hatte? Wenn er wünschte, ich hätte ihn in diesem Heim für ledige Mütter gelassen? Und er jetzt eine andere Mutter hätte? Wenn er nun wünschte, ich wäre nie seinetwegen zurückgekommen?«
Ich hörte zu, und ich wartete. Ich wusste, ich hatte die Antworten nicht, hatte mich selbst aber oft genug an dieser Art Kreuzung befunden, um zu wissen, dass der Patient selbst sie hat, irgendwo tief im Innern. Vielleicht nicht die Antworten auf die Fragen, die er gerade gestellt hat, aber die Antworten auf die tieferen Fragen, die unter der Angst liegen.
Gloria schloss die Augen. Einen Moment lang dachte ich, sie sei vielleicht vor lauter Erschöpfung eingeschlafen, doch dann fuhr sie fort.
»Es ist erstaunlich, dass man jemanden so sehr lieben kann, auch wenn man ihn noch nie gesehen hat. Ich liebte meinen Sohn so sehr, dabei kannte ich ihn noch nicht einmal. Wie ist das möglich? Wie ist es möglich, jemanden so sehr zu lieben, dass man bereit ist, ohne diesen Menschen zu kennen, sein ganzes Leben für ihn aufzugeben?
Er soll es wissen, denn ich möchte, dass er weiß, wie sehr ich ihn liebe. Dass ich ihn schon geliebt habe, bevor ich ihn kennenlernte. Dass ich ihn nicht liebe, weil er ist, wie er ist, sondern einfach, weil er ist. Genau das soll er wissen.«

Und wenn nun das, was man als die größte eigene Leistung betrachtet, von niemand anderem so gesehen wird? Wenn das, worauf man am stolzesten ist, auch das ist, wofür man sich am meisten schämt? Wenn die große Liebe auch das tiefste Geheimnis ist?
In einem verzweifelten und oft letztlich sinnlosen Versuch, sich selbst oder ihre Lieben zu schützen, halten Menschen Dinge geheim. Sie glauben, das Geheimnis sei ein Panzer gegen Ablehnung und öffentliche Demütigung, und so tragen sie es weiter, egal wie schwer es ist. Wenn Menschen Dinge geheim halten und einander sogar belügen, tun sie das in vielen Fällen aus Liebe und nicht aus Boshaftigkeit.
Was sie dabei vielleicht übersehen, ist die Tatsache, dass sie durch ihr erbittertes Festhalten an dem, was sie als schamerfüllte Geheimnisse ansehen, dieses System von Scham nur weiter festigen. Etwas geheim zu halten, ist wie das Düngen eines Unkrauts, und die Familiengeheimnisse, die die Scham düngen, ersticken die Liebe im Keim. Scham ist die Feindin der Liebe, sie kann ihr niemals dienen.
Ich weiß nicht, wie es für Glorias Cousine Betty war, seit ihrer frühen Kindheit das Geheimnis ihrer Identität mit sich herum zu tragen und zu wissen, dass ihre Großmutter sie als Quelle der Scham betrachtete. Betty durfte ich nie kennen lernen. Ich kann sie mir jedoch vorstellen, und es treibt mir Tränen in die Augen.
Schützte Bettys grausame Last Gloria vor Schmerz? Natürlich nicht. Das Einzige, wovor dieses Geheimnis beide Frauen beschützte, war ihre gegenseitige Liebe und Unterstützung. Gloria erwähnte einige Male ihre

Trauer darüber, Jahrzehnte von Bettys Leben versäumt zu haben.
Doch obwohl sie das wusste, enthielt sie ihrem Sohn die Wahrheit über seine Geburt vor. Sie wollte ihn vor etwas schützen, was sie als ihre und infolgedessen auch seine Scham empfand. Das hinderte sie jedoch nur daran, das enorme Ausmaß ihrer Liebe richtig zum Ausdruck zu bringen. Selbst jetzt, wo sie im Sterben lag und sich sehnlichst wünschte, dass er es erführe, war sie sich immer noch nicht sicher, dass sie die Scham überwinden und ihm die Tiefe ihrer Liebe würde vermitteln können. Die Angst vor Zurückweisung und Demütigung hatte sie noch immer im Griff, nach einem ganzen Leben in einem Wirrwarr aus Geheimnissen.
Was, wenn der Mensch, den man am meisten liebt, diese Liebe nicht erwidert? Was passiert, wenn man Liebe in die Welt gießt und zurückgewiesen wird? Soll man sie überhaupt ausgießen? Ist es das Risiko wert? Ist Liebe stärker als Scham? Das waren Glorias eigentliche Fragen.

Danach bat mich Gloria bei jedem Besuch, ihren Sohn anzurufen. Sie flehte, sie bettelte. Sie wünschte sich sehnlichst, dass er es erführe, und war fest davon überzeugt, es ihm nicht selbst sagen zu können. Der Versuch, mit ihr über die Gründe für diese Überzeugung zu sprechen, machte ihr anfangs nur noch mehr Angst, sodass ich ihre Bitten so elegant wie möglich umschiffte. Ich bat sie immer wieder, mir die Geschichte zu erzählen, um sie ihm zum passenden Zeitpunkt richtig wiedergeben zu können.

Nach ein paar Wochen hatte Gloria einen neuen Vorschlag. »Sie sagen es ihm, und ich sitze dabei neben Ihnen.«
»Das könnte vielleicht gehen«, sagte ich.
Und wieder erklärte sie mir genau, was ich sagen sollte.
Ein paar Wochen später sagte sie: »Vielleicht könnte ich es ihm sagen und Sie sitzen neben mir.«
»Das könnte vielleicht gehen«, sagte ich.
Dann übte sie mit mir, was sie zu ihm sagen würde.
In der folgenden Woche sagte sie: »Ich habe es meinem Sohn erzählt, als er am Wochenende hier war.«
»Und wie lief es?«
Sie lächelte und brach in Tränen aus. Dann aber begann sie im Weinen zu lachen, wie sie es immer tat, und konnte nicht mehr sprechen.

# 4 ACH, HÄTTE ICH DOCH MEHR GETANZT

Ich weiß, ich sollte meinen Körper hassen«, sagte Cynthia in ihrem beschwichtigenden, schleppenden Südstaaten-Tonfall. Sie schob ihr Mittagessen weg, ein brauner Klumpen und ein Haufen orangefarbenes Zeug. Ihre Tochter gab ein Heidengeld dafür aus, dass Cynthia, während sie selbst bei der Arbeit war, fett-, salz-, zucker- und kalorienarme Mahlzeiten geliefert bekam. Das Essen sah aus wie aufgetürmte nasse Felsbrocken.

»Ich könnte wirklich glücklich sterben, wenn ich noch einen einzigen Bissen Karamellkuchen essen dürfte«, sagte sie seufzend. »Sie haben nicht zufällig welchen dabei?«

»Nein, leider nicht. Aber warum sollten Sie Ihren Körper hassen?«

»Na, jetzt aber, Kerry!« Sie sah aus, als könnte sie nicht fassen, dass ich überhaupt fragte. Dann lachte sie. »Weil ich fett bin!«

Cynthia strich sich mit ihren weichen Händen über die schweren Brüste und den hügelartigen, vom Krebs befallenen Bauch. Ihr Körper quoll über die Kanten der Ruheliege. »Das weiß ich schon, seit ich ein kleines Mädchen war.« Dabei betrachtete sie eingehend die Häkeldecke auf ihrem Schoß.

»Alle haben es mir gesagt – meine Familie, meine Schule, meine Kirche. Und als ich älter wurde, Zeitschriften und Verkäuferinnen und feste Freunde – auch wenn sie es nicht laut äußerten. Die Welt hat mir fünfundsiebzig Jahre lang gesagt, dass mein Körper schlecht ist. Erst einmal, weil er weiblich, dann, weil er fett, und schließlich, weil er krank ist. Ich weiß, sie finden ihn schrecklich.« Sie blickte auf, und diesmal hingen zitternde Tränen an ihren unteren Lidrändern. »Eins habe ich allerdings nie verstanden: Warum wollen alle, dass ich meinen Körper hasse? Was geht sie das an?«

Viele Dinge, die sie bedauern, und viele unerfüllte Wünsche haben Patientinnen und Patienten mir in den Monaten oder Wochen vor ihrem Tod anvertraut. Doch die Zeit, die sie damit verschwendet hatten, ihren Körper zu hassen, sich für ihn zu schämen, ihn zu missbrauchen oder missbrauchen zu lassen – die Spanne von Jahren, Jahrzehnten oder, in manchen Fällen, eines ganzen Lebens, die Menschen ohne Wertschätzung für ihren Körper verbrachten, bis sie kurz davor waren, ihn zu verlassen – gehört zum Traurigsten, was ich gehört habe.
Denn im Gegensatz zu den dummen oder auch in bester Absicht gemachten Fehlern, den schrecklichen Unfällen, den Missgeschicken, die ein Leben unwiederbringlich veränderten, im Gegensatz zu all diesen Arten von Bedauern ist das kein tragischer Irrtum. Es ist Absicht. Es ist etwas, das andere Menschen uns in Bezug auf unseren Körper fühlen, was sie uns glauben machen wollen.
Manchmal sind es die Medien oder der Gruppenzwang, die diese Scham aufgrund unseres Aussehens erzeugen. Dann sollen wir uns wegen unseres Gewichts oder unserer Körperbehaarung, unserer krummen Zähne oder unserer Schlupflider schämen.

Manchmal sind es aber auch der Pastor, der Lehrer in der Sonntagsschule und die Lektionen zu Hause, die mit der Geburt beginnen und mit der Muttermilch eingesogen werden, Lektionen über die Sündhaftigkeit des Körpers. Manche Frauen wachsen in dem Bewusstsein auf, dass schon ihre Existenz in einem vielleicht sexuell anziehenden Körper ein Grund für Scham ist – dass ihr Körper allein durch seine Existenz schlimme Dinge geschehen lässt.

So oder so, das Ergebnis ist immer dasselbe: ein Leben in dem Glauben, der Körper sei etwas, das man kritisieren, hassen oder bestenfalls tolerieren müsse. Ein Problem, das man nicht beheben könne. Allzu oft lernen Menschen ihren Körper erst dann zu schätzen, wenn sie merken, dass sie ihn bald verlieren werden.

»Ich werde diesen Körper so sehr vermissen«, sagte eine andere, um einige Jahrzehnte jüngere Patientin. Sie hob ihre Hände in das gedämpfte Licht, das durch die Jalousie hereindrang, und starrte sie an, als sähe sie sie zum ersten Mal. »Meinem Mann und meinen Kinder würde ich das nie verraten, aber es ist mein eigener Körper, den ich am allermeisten vermissen werde. Dieser Körper, der tanzen und essen und schwimmen und Sex haben und Babys hervorbringen konnte. Es ist so fantastisch, wenn man darüber nachdenkt. Dieser Körper hat tatsächlich meine Kinder hervorgebracht. Er hat mich durch diese Welt getragen.«

Sie ließ die Hände wieder sinken. »Und jetzt werde ich ihn verlassen müssen. Ich habe keine Wahl. Und wenn ich daran denke, dass ich ihn all die Jahre dafür kritisiert habe, wie er aussah, und nie bemerkt habe, wie gut es sich in ihm anfühlte. Bis jetzt, wo es sich überhaupt nicht mehr gut anfühlt.«

Gleich nach dem Bedauern, den eigenen Körper gehasst zu haben, kommt bei den Sterbenden der Wunsch, sie hätten ihrem Körper im Verlauf ihres Lebens mehr Wertschätzung entgegengebracht.

Dabei ist es nicht nur die Gesundheit, die sie rückblickend gerne mehr geachtet hätten. Es ist die Körperlichkeit selbst, die als selbstverständlich betrachtete Erfahrung, sich in einem Körper zu befinden, bis man mit der Realität konfrontiert wird, dass man bald keinen Körper mehr haben wird. Egal, ob man sich nach dem Tod ein Jenseits, eine Wiedergeburt oder einfach gar nichts vorstellt, eins ist gewiss: Man wird nie wieder imstande sein, die Welt in diesem Körper zu erfahren. Mit dieser Realität sind Sterbende Tag für Tag konfrontiert.

Also sprechen sie über die liebsten Erinnerungen an ihren Körper. Darüber, wie die Äpfel schmeckten, die sie auf dem Heimweg von der Schule aus einem Obstgarten stibitzten, und wie ihre Beine und Lungen brannten, als sie davonrannten. Darüber, wie sich das Wasser anfühlte, als sie das erste Mal nackt badeten; wie der Kopf ihres Babys roch; wie der Wind damals, als sie sich unter freiem Himmel liebten, leicht über ihre Haut strich.

Und übers Tanzen. So viele Geschichten übers Tanzen. Ich kann die vielen Hundert Male gar nicht zählen, wo Menschen – mehr Männer als Frauen – die Augen schlossen und mir Tanzveranstaltungen für Angehörige der amerikanischen Streitkräfte während des Zweiten Weltkriegs oder das Vögeln in Strandhäusern in South Carolina oder lange, ausgelassen durchtanzte Nächte in Gaststätten, Diskos, Scheunen und wo immer es sonst Körper und Musik gab, beschrieben und dann sagten: »Wenn ich es bloß gewusst hätte, ich hätte mehr getanzt.«

Wenn man den Gedanken akzeptiert, dass jeder von uns seinen Nächsten lieben sollte wie sich selbst, was bedeutet es dann, dass so viele Stimmen da draußen darauf beharren, dass Ihr Körper, mein Körper, der Körper jedes Menschen etwas ist, das man verachten muss, weil er zu dick, zu hässlich, zu sexy, zu alt oder zu braun ist? Dass wir einander auf unverhohlene oder dezente Weise beibringen, uns für schändlich zu halten? Dass der Körper etwas ist, das es zu überwinden oder mit Gewalt zur Unterwerfung zu zwingen oder zu verachten gilt? Wenn ich meinen Körper hassen soll, soll ich dann auch Ihren hassen? Ich schaue mich um und habe den Eindruck, dass dem so ist. Wie wirken sich diese Stimmen, die uns einreden, unser Körper sei verachtenswert, auf unsere Vorstellung davon aus, wie wir uns der kranken, behinderten, älteren und ganz jungen Menschen annehmen sollten? Der Mütter, Soldaten, Arbeiter, Immigranten, Männer, Frauen? Was wir in Bezug auf unseren Körper glauben, wirkt sich auf die Art und Weise aus, wie wir den Körper der anderen behandeln, und das hat wiederum Einfluss darauf, wie wir uns gegenseitig behandeln.
»Wissen Sie was, Kerry?«, fragte mich Cynthia, während sie sich mit dem Ärmel ihres Morgenmantels über die Augen wischte. »Obwohl ich dick bin, obwohl ich seit zwanzig Jahren diesen Krebs und seit ewigen Zei-

ten schon keine Haare mehr habe – trotz all dem hasse ich meinen Körper nicht. All die anderen hatten unrecht, schon immer. Ich bin dahintergekommen, weil ich so lange geglaubt habe, bald sterben zu müssen. Und deshalb war ich trotzdem glücklich. Ich muss nur rauskriegen, wie ich ein bisschen Karamellkuchen ins Haus schmuggeln kann.«

# 5 WO ATEM IST, IST AUCH HOFFNUNG

Wenn Sie möchten, können wir draußen zusammen eine Zigarette rauchen«, sagte Reggie. »Sie müssten mich nur hinschieben.«
»Ich rauche nicht, aber ich komme mit. Es ist sicher schön, ein bisschen draußen zu sitzen«, sagte ich.
»Nö, vergessen Sie's. Allein macht das Rauchen keinen Spaß.«
Reggie hatte eine Raucherlunge. Genau genommen erstickte er allmählich. Jeden Tag konnte er etwas weniger tief einatmen, etwas weniger Sauerstoff aufnehmen. Jeden Tag war er etwas atemloser. Menschen mit einer Raucherlunge sind sich jederzeit bewusst, wie sie sterben werden. Sie sterben im Ringen um Luft, und sie wissen, wie es sich anfühlen wird, denn das tun sie von morgens bis abends, jeden Tag, genau jetzt. Nur, dass es schlimmer sein wird, viel schlimmer.

Wen wundert es, dass Menschen mit Raucherlunge das sind, was Hospizhelfer manchmal »bedürftig« nennen. Sie brauchen eine Menge Aufmerksamkeit. Wenn die Reggies der Welt einen an den Rand der Verzweiflung bringen, nennt man sie auch gerne mal »Aufmerksamkeitssucher«.
Wenn wir jemandem das Etikett »bedürftig« anheften, bedeutet das eigentlich, dass wir nicht die Zeit, die Energie, die Lust oder die Kapazität aufbringen, seine Bedürfnisse zu befriedigen. Die Schuld schieben wir dann dem Bedürfnis, oder, schlimmer noch, der bedürftigen Person statt dem Mangel an Zeit und Ener-

gie zu. Allen, die in der Krankenpflege tätig sind, fällt es schwer, zuzugeben, dass sie einem Bedürfnis nicht entsprechen. Schließlich haben die meisten von ihnen diese Arbeit in dem Bemühen angetreten, Menschen zu helfen. Wir sind dazu ausgebildet, Bedürfnisse zu erkennen, einzuschätzen und zu befriedigen. Genau das tun wir. Wenn aber unsere Bemühungen scheitern, wenn wir einfach nicht genügen, wenn die Bedürftigkeit eines Patienten uns die Luft zum Atmen nimmt, fühlt sich das schrecklich an. Es ist leichter, den Patienten dafür verantwortlich zu machen, als zuzugeben, wie begrenzt jeder von uns angesichts einer Krankheit wie der Raucherlunge ist.

Reggie lebte im städtischen Pflegeheim, einem riesigen, von außen prachtvollen Gebäude, das fast hundert Jahre zuvor als Entbindungsanstalt gebaut worden war. Das Innere war weit weniger großartig, aber die Pflegerinnen und Helferinnen arbeiteten schwer, und das bei nur wenigen Annehmlichkeiten. Die Wände der Flure waren mit Motiven aus der Natur bemalt. In den Zimmern ließen Bleiglasfenster das Sonnenlicht herein und erzeugten manchmal Regenbogen an den Wänden. Aber es war ein Pflegeheim. Eine Institution ist eine Institution, egal wie liebevoll das Personal oder herrschaftlich das Gebäude ist.

Reggie zog einen weißen Plastikwagen an die Bettkante. Seine kurzen Beine baumelten seitlich über die Matratze.

»Moment mal. Will mal sehen, was ich hier drin hab. Ich weiß, dass ich da was habe.« Er durchwühlte die durchsichtigen Plastikschubladen voller Krimskrams – Gummihandschuhe, Kaugummipackungen,

Taschenbücher, Tempos, Tuben mit Lippenbalsam, Zeitschriften.

»Ha!«, sagte er triumphierend. Er zog vier Zellophantütchen mit überwiegend intakten Salzcrackern und einen kleinen Becher Wackelpudding mit Erdbeergeschmack und einem Deckel aus Goldfolie heraus. »Möchten Sie was davon?«, fragte er beinahe schüchtern, als er mir zwei Päckchen Cracker hinhielt.

»Danke, Reggie.«

»Ich wünschte, ich hätte was zu trinken für Sie.«

»Die Cracker sind prima.«

»Wie heißen Sie noch mal?«

»Kerry.«

»Ach ja, genau. Also, Kerry, ich habe noch einmal über meine Lungentransplantation nachgedacht.«

»Aha?«

Als Hospizseelsorgerin entscheide ich nicht, worüber ein Patient und ich sprechen werden. Ich höre zu, was ihn an diesem Tag beschäftigt, belastet oder ganz besonders freut. Reggie wollte über eine Lungentransplantation sprechen. Die ganze Zeit.

Als ich anfing, ihn zu besuchen, beschäftigte ihn die logistische Seite. Wo die Transplantation stattfinden würde, was er dafür würde unternehmen, welche Briefe er an verschiedene Ärzte und Transplantationszentren würde schreiben müssen. Was der armen Seele, die Reggie ihre Lunge spenden würde, passiert sein mochte (oder noch passieren würde). Was für ein Leben er sich nach der Transplantation erhoffte. Er würde aus dem Pflegeheim ausziehen und sich eine eigene Wohnung suchen, vielleicht auf dem Wasser. Er würde sich ein Boot kaufen, einen kleinen Boston Whaler, und zum

Angeln fahren. Vielleicht würde er sogar wieder Verbindung mit seiner Schwester aufnehmen, die er dreißig Jahre lang nicht gesehen hatte. Und seine Ex-Frau besuchen, die er vor Jahrzehnten verlassen hatte. Über eine Lungentransplantation zu sprechen, machte ihn glücklich. Ich hörte ihm zu.

Mit der Zeit begann das Reden über die Lungentransplantation allerdings, ihn zu ärgern. Er ärgerte sich über die Pflegekräfte im Heim, die seine Transplantationspläne entweder ignorierten oder naiv fanden. Ich kann diesen Ärger verstehen: Man stelle sich vor, es gibt nur eine Sache, von der man glaubt, sie könne einem das Überleben sichern, und daran hängt man seine ganze Hoffnung, und die Menschen, auf die man für eben dieses Überleben setzt, halten diese Hoffnung einfach nur für putzig.

Doch Reggies eigentliche Wut und Frustration galten vor allem Stacy, der Hospizschwester, und Sue, der Sozialarbeiterin. Sie waren die beiden Menschen, die seiner Meinung nach die Macht hatten, ihn zu retten. Jedes Mal, wenn sie in sein Zimmer kamen, überschüttete er sie mit Forderungen und wollte wissen, warum sie nicht alles für die Transplantation vorbereiteten. Sie hätten die Macht und den Einfluss und die Beziehungen. Er selbst habe nichts dergleichen. Niemand würde ihn ernst nehmen. Er ließ seiner Wut, seiner Frustration und dem Gefühl der Ohnmacht freien Lauf. Doch Reggies Lungentransplantation würde nicht stattfinden. Niemals. Eine Operation würde er nicht überleben. Stacy hatte ihm schon hundertmal gesagt, dass er von seiner körperlichen Verfassung her für eine Transplantation nicht infrage käme. Auch Sue hatte ihm das immer wieder erklärt. Allmählich wurden sie sauer auf ihn, mit seinen passiv-aggressiven Manipulationen, seiner Reizbarkeit, den gemeinen Dingen, die er sagte, seiner Realitätsverweigerung. Dutzende anderer Patienten warteten schon, und Reggie war bedürftig und fordernd. Er musste über diese Transplantation sprechen, er verlangte Taten von ihnen und er wollte oder konnte das Gesagte nicht akzeptieren.

Ich, die Seelsorgerin, hatte keinerlei Macht. Eine Hospizseelsorgerin bringt nichts mit. Im Gegensatz zur Schwester habe ich keine Medikamente, die ich verabreichen kann; im Gegensatz zur Sozialarbeiterin habe ich keine Programme, zu denen man sich anmelden kann. Ich nehme auch nichts – keine Urinproben, keine Vitalzeichen, keine Unterschriften auf Dokumenten. Ich kann nichts grundlegend ändern oder veranlassen. Ich kann nur da sein und zuhören. Und, so seltsam das klingen mag, darin liegt die Macht der Seelsorgerin, in der Machtlosigkeit ihrer Rolle. Da es sinnlos war, mich mit der Forderung zu schikanieren, ich solle die Transplantation in die Wege leiten, tat Reggie das auch nicht. Wir konnten einfach zusammen da sein. Er konnte aufhören zu kämpfen, und sei es auch nur für eine Stunde. Er brauchte nichts zu fordern und musste nicht der in seinen Augen »böse Typ« werden.

Wenn Reggie mir gegenüber seine Frustration herausließ, verebbte seine Wut schließlich. Dann wurde er wehmütig. Malte sich etwas aus. Malte sich ein anderes Leben für sich aus.

»Wär es nicht toll, wenn ich mal tief durchatmen könnte?«


»Ja, das wär super.«

»Wär es nicht toll, wenn ich hier raus käme?«
»Ja, das würde ich Ihnen wirklich wünschen, Reg.«
»Ich würde mir einen kleinen Hund holen. Eine Promenadenmischung.«
»Wie würden Sie ihn nennen?«
»Keine Ahnung«, sagte er. »Ich könnte sogar Sie und Ihre Familie besuchen kommen. Haben Sie Kinder?«
»Ja.«
»Ich könnte sie zum Angeln mitnehmen.«
»Das wär ja mal was!«
»Das alles ginge aber nur mit einer neuen Lunge.«
»Eine Lungentransplantation würde Ihnen all das erlauben und Sie hier rausbringen.«
»Sehen Sie, Sie verstehen, wie wichtig das ist. Sie verstehen, was ich mir wünsche.«
»Sie wünschen sich eine neue Lunge, weil Sie leben wollen, und das ist ein sehr nachvollziehbarer Wunsch.«
»Ja. Genau. Das ist vernünftig. Nicht verrückt. Ich wünsche mir eine neue Chance zu leben. Ich möchte ganz von vorne anfangen. Ich möchte ein gutes Leben führen.«
Reggie hatte nämlich kein gutes Leben geführt. Nicht, dass ihm nur Schlechtes widerfahren wäre. Nein, er hatte anderen Menschen Schlechtes angetan. Als Broterwerb.
Über die Lungentransplantation zu sprechen, wurde zu einer Möglichkeit, über das Leben zu sprechen, sowohl das Leben, das er geführt hatte, als auch das Leben, das er stattdessen gerne geführt hätte. Am Ende seines Lebens hatte Reggie buchstäblich niemanden – keinen einzigen Freund, keine Frau, keinen Verwandten. Nur

mehr oder weniger zusammenhängende Erinnerungen an die Gewalt, die er sein ganzes Leben lang regelmäßig ausgeübt hatte.

Ich konnte Reggie keine neue Lunge geben, aber ich konnte ihm das Machtvollste bieten, das eine Seelsorgerin oder überhaupt irgendjemand hat: meine Präsenz. Reggie und ich konnten über Hoffnung auf Neues und Bedauern über Vergangenes reden. Denn das war es, worüber er eigentlich sprach. Die Lungentransplantation war in Wahrheit eine Möglichkeit, über Hoffnung und deren Kehrseite, das Bedauern, zu sprechen. In stillen Momenten, nicht bei jedem Besuch, aber mehr als einmal, senkte Reggie den Kopf, ließ die Beine unter der Bettkante vor und zurück schwingen und sagte: »Ich bin nicht dumm. Es wird nicht passieren. Aber ich kann's nicht loslassen.«

Tief drinnen wusste Reggie, dass er diese neue Lunge nicht bekommen konnte. Doch das Bemühen darum aufzugeben, hätte bedeutet, die Hoffnung aufzugeben, und das konnte er nicht.

Jetzt blieben ihm nur knapp sechs Monate zu leben. Verbringen würde er diese Zeit in einem winzigen Zimmer mit einem Bleiglasfenster im 5. Stock eines städtischen Pflegeheims mit einem Plastikwagen voll kleiner Salz- und Pfeffertütchen und Heften mit bereits gelösten Kreuzworträtseln, allein mit seinen Gedanken.

Die Lungentransplantation war ein Vehikel – wie das Boot, der kleine Boston Whaler. Sie war ein Vehikel zu seiner lange verschollenen Schwester, seiner vor langer Zeit verlassenen Frau, meinen Kindern, die er gar nicht kannte, und mir, deren Namen er nie behalten konnte.

Sie war ein Weg zu anderen Menschen, mit denen er in seinem Leben so wenig Verbindung hergestellt hatte. Reggie wollte über seine Lungentransplantation sprechen, weil darin seine Hoffnung lag. Seine große Hoffnung nicht nur auf ein Überleben, sondern auf eine Chance, sein Leben in Ordnung zu bringen. Noch einmal zu leben, aber diesmal anders.

Als mein Vater starb, beschloss ich, mein Leben immer so zu führen, dass ich nie etwas würde bedauern müssen. Das schrieb ich sogar als Versprechen an mich selbst auf ein Stück Papier.
Dass ich so etwas für machbar hielt, zeigt nur, wie jung ich bei seinem Tod war.
Ich habe nicht einen einzigen Patienten kennen gelernt, der nicht wenigstens ein paar Dinge bedauert hätte. Nicht alles war so einschneidend wie das, was Reggie bedauerte. Die meisten Menschen haben nichts so Schwerwiegendes zu bedauern.
Trotzdem gibt es, selbst in einem freudvollen Leben, immer etwas Bedauernswertes. Eine Frau – fünffache Mutter und seit vierzig Jahren glücklich verheiratet – bedauert es, das Studium abgebrochen zu haben, um ihren Liebsten zu heiraten. Ein Farmer, der zeit seines Lebens am Ort seiner Kindheit gelebt hat, fragt sich, was wohl passiert wäre, wenn er nach dem Krieg auf Bitten seines befehlshabenden Offiziers für ein oder zwei Jahre in Japan geblieben wäre, statt sofort nach Hause auf die Pecannuss-Plantage seiner Familie zurückzukehren, die ihm so viel Zufriedenheit verschafft hatte.
Das Leben besteht aus Millionen Entscheidungen, und jede einzelne ist eine Entscheidung, etwas ande-

res nicht zu tun. So wächst das Bedauern mit der Zeit an. Das ist unumgänglich. Über die Gründe für das Bedauern nachzudenken, gibt jedoch jedem von uns die Chance zu überlegen, was wir gerne anders gehabt hätten. Es bietet die Chance, über das nachzudenken, was für unser Empfinden in unserem Leben fehlt, wovon wir hoffen, dass es einmal anders sein könnte. Am wichtigsten aber, wenn auch nur in geringem Umfang: Es bietet eine Möglichkeit, dieser Einsicht entsprechend zu handeln.

Hoffnung ist die Überzeugung, dass Besseres möglich ist. Bedauern zeigt uns, was dieses erhoffte Bessere ist. Bedauern verfeinert die Hoffnung, schärft und verdeutlicht den sehnlichen Wunsch, der sich dahinter verbirgt. Wenn man lebt, und sei es in einem Hospiz, kann man immer noch daran arbeiten, diese Hoffnungen wahr werden zu lassen.

Als ganz junge Frau hielt ich das Bedauern für eine Art Versagen, etwas, das es unter allen Umständen zu vermeiden galt. Tatsächlich aber ist es ein Fenster. Es ist eine ungebetene Chance, eine unbequeme Aufforderung, eine schmerzhafte Ermunterung, sich auszumalen, was es sonst noch geben könnte. Das Bedauern kann ein Schritt hin zur Hoffnung sein. Allerdings muss man es erst einmal akzeptieren. Man muss es ans Licht halten, das durch diese Bleiglasfenster hereinströmt, um darin das zu erkennen, was man in seinem Leben gerne anders hätte.

In einem einzigen Leben kann es tausend Gründe des Bedauerns geben. Die Hoffnung dagegen kann Millionen verschiedene Formen annehmen. Sie ist eine Gestaltwandlerin, die noch in der allerletzten Stunde in den kleinsten Ritzen auftauchen und wachsen kann. Manchmal fragen Leute, was Hoffnung für einen Hospizpatienten bedeuten könne, der keine Aussicht auf Heilung, keine Aussicht auf eine Rückkehr in ein Leben hat, das er einst kannte und liebte. Welche Form könnte Hoffnung denn für einen Sterbenden haben? Sie kann alles bedeuten, kann jede Form annehmen.

Reggies Bedauern bezog sich darauf, wie leer und einsam sein Leben war. Worauf er seine Hoffnung setzte, war Verbundenheit, vielleicht sogar Liebe. Danach sehnte er sich. Tun konnte er dafür allerdings nicht viel. Seine Ex-Frau kam nicht zurück. Seine Schwester auch nicht. Mit seinen Forderungen hatte er sämtliche Pfleger und Schwestern vergrault. Gerade seine Bedürftigkeit schien dafür zu sorgen, dass sein Bedürfnis nach Liebe am Ende seines Lebens nicht erfüllt werden, seine Hoffnung auf Verbundenheit mit einem anderen Menschen letztlich ins Leere laufen würde.

In der Nacht, als Reggie starb, hatte Patrick Bereitschaftsdienst. Reggie hatte nach der Seelsorgerin verlangt und Patrick gefragt, wo die Frau mit den blauen Augen sei. Als Patrick ihm erklärte, für diese Nacht sei er der Seelsorger, drehte Reggie sich von ihm weg zur Wand.
Ob er mich gemeint habe, fragte Patrick mich am nächsten Tag. Ja, sagte ich.
Und das ist das Überraschende: Damals hatte ich Reggie seit fast sechs Monaten nicht gesehen. Wir hatten uns schon lange zuvor voneinander verabschiedet, und selbst da hatte er meinen Namen nicht gewusst und

den Eindruck erweckt, als sei es ihm gleichgültig, dass er von da an mit einem anderen Seelsorger zu tun haben würde. Ich wusste nicht, ob ich überhaupt irgendeine Art von Verbindung zu ihm hergestellt hatte. Aber vielleicht, nur vielleicht, war allein unser Zusammensein schon genug gewesen. Vielleicht war bei diesen Begegnungen mit Crackern und Erdbeerwackelpudding seine Hoffnung auf Verbundenheit in geringem Maße bereits erfüllt worden. Das hoffe ich.

# 6 EIN LEBEN IN GRAU

»Ich habe eine Falle gestellt«, sagte Frank in einer Werbepause während *Der Preis ist heiß* lief.

*Der Preis ist heiß* war Franks Lieblingssendung, und nachdem ich mit seiner Frau Alice ein paar Gebete gesprochen hatte, schauten wir immer eine Weile zusammen und unterhielten uns zwischendurch.

»Was meinen Sie damit?«, fragte ich.

»Um rauszufinden, wer das Medikament klaut. Ich hab eine Falle gestellt und weiß jetzt, wer es war.«

Über die letzten beiden Monate hinweg war das Hospizteam wegen fehlender Schmerzmittel in heller Aufregung gewesen. Anfangs fehlten bei jedem Besuch einer Pflegekraft OxyContin-Pillen. Peggy, die Fallmanagerin fürs Pflegepersonal, und Christy, die Leiterin des Hospizteams, fragten sich, ob es Frank wohl schwer fiel, sich zu erinnern oder zu sehen, wie viele Pillen er bei der Zubereitung des Mittagessens schon in Alices Pudding zerdrückt hatte. Seine Frau war seit zehn Jahren durch eine schmerzhafte neurodegenerative Krankheit ans Bett gefesselt, und nun war Frank selbst schon recht betagt.

Peggy hatte Alice auf Morphintropfen umgestellt, in der Hoffnung, dass sie für Frank leichter zu verabreichen wären. Doch dann verschwand auch das Morphin. Peggy dachte, dass Frank die Tropfen womöglich verschüttete oder seiner Frau die falsche Menge einträufelte. Sie beschloss, im Voraus Spritzen für ihn aufzuziehen, damit er keine Möglichkeit mehr hatte, die falsche Dosis abzumessen oder mit seiner arthritischen

Hand die kleine Flasche umzukippen. So konnte er Alice einfach die richtige Menge in den Mund spritzen. Doch in der folgenden Woche fehlten einige der gefüllten Spritzen.

In der Hospizpflege ist so etwas ein großes Problem. Medikamente wie Morphin spielen eine Schlüsselrolle bei der Bekämpfung lähmender Schmerzen und erlauben Patienten und deren Angehörigen, ihre gemeinsame Zeit noch etwas zu genießen. Menschen mit unerträglichen chronischen Schmerzen können sie wie ein Wunder erscheinen. Doch es sind auch Betäubungsmittel, Drogen der Kategorie II, deren Anwendung wegen ihres Missbrauchspotentials bei Abhängigen einer strengen Reglementierung unterliegt.

Jetzt ging es nicht mehr um die Frage, ob Frank das Medikament falsch verabreichte. Jemand stahl es.

Der Verdacht fiel auf jeden, der Zugang zum Aufbewahrungsort, dem Kühlschrank in der Küche, hatte – also auf alle, die in die Wohnung kamen: die Hospizmitarbeiterinnen und -mitarbeiter, die von der Familie angestellten privaten Helferinnen, die Kinder von Frank und Alice nebst Ehepartnern und die Enkelkinder.

Dieser Gedanke – dass der Schuldige ein Familienmitglied hätte sein können – war für Frank nahezu unerträglich. Also machte er sich daran, anhand eines raffinierten Plans und mithilfe von Schlössern und Timern selbst herauszufinden, wer das Morphin stahl.

Er war so glücklich, als er mir erzählte, dass er herausgefunden habe, wer es war. Es sei Jessica, eine der privaten Helferinnen.

»Sind Sie sich da sicher?«, fragte ich.

»Ja! Ich habe Ihnen doch gerade erzählt, woher ich es sicher weiß.«
»Haben Sie es Peggy schon erzählt?«
»Warum sollte ich es Peggy erzählen?«, sagte er. »Ich erzähle es niemandem. Ich wollte nur sichergehen, dass es nicht jemand aus meiner eigenen Familie ist.«
»Ich muss es meiner Chefin erzählen, Frank.«
»Wie meinen Sie das? Sie dürfen es ihr nicht sagen. Das haben Sie mir versprochen. Ich habe Ihnen das Versprechen abgenommen.«
Angst überkam mich, denn er hatte recht. Ich hatte ein Versprechen abgegeben. Kaum war ich hereingekommen, hatte Frank mich gefragt, ob ich ein Geheimnis bewahren könne. »Natürlich«, hatte ich geantwortet.
»Versprechen Sie's mir?«, hatte er gefragt.
»Ja«, hatte ich geantwortet. »Ich verspreche es.«
Ehrlich gesagt, war das eine dumme Antwort. Ich kann einerseits durchaus Geheimnisse bewahren, andererseits gibt es aber ein paar Dinge, die ich als Seelsorgerin und Mitglied eines Hospizteams melden muss. Missbrauch und Gewalt in der Pflege gehören dazu. Und wenn jemand einer kranken, im Sterben liegenden Frau dringend benötigte und durch Bundesbehörden kontrollierte Schmerzmittel, die ihr das Leben erträglich machten, stahl, zählte das auch zum Missbrauch. Außerdem war es illegal. Es gefährdete unsere Arbeit als Hospizteam. Und Süchtigen nicht verschriebenes Morphin zugänglich zu machen, brachte sie in Gefahr. Ich musste es melden, aus einer ganzen Reihe von Gründen.
Nur dass ich versprochen hatte, es nicht zu tun.
»Sie sind Seelsorgerin. Das ist so was wie Pfarrerin.

Wenn ich Ihnen in der Beichte etwas anvertraue, dürfen Sie es niemandem weitersagen.«
»Aber ich bin keine Pfarrerin, Frank, und es war keine Beichte.«
»Ich habe Ihnen Dinge erzählt, die ich niemandem sonst erzählt habe.«
»Diese Dinge werde ich niemals weitersagen. Aber das ist etwas Anderes. Sie stiehlt Ihrer Frau etwas, Frank. Sie schadet Ihrer Frau, die Sie so sehr lieben.«
»Nein, das tut sie nicht. Peggy wird mir einfach neues Morphin geben. Wenn Sie es melden, wird sie ins Gefängnis gehen. Ihre Kinder haben dann keine Mutter mehr. Stimmt doch, oder?«
»Ich weiß nicht, was mit ihr passieren wird«, räumte ich ein.
»Ich hätte es Ihnen nie erzählt, wenn ich gewusst hätte, dass Sie sich nicht für andere Leute interessieren.«
»Ich interessiere mich sehr wohl, Frank.«
Er richtete den Blick starr geradeaus, vorbei an dem kleinen Fernseher in der Zimmerecke und durch die kleinen, hoch angesetzten Fenster, die nur einen schwachen Lichtstrahl in die feuchte Wohnung ließen. Wir saßen nebeneinander in zwei Sesseln an ihrem Bett. Schließlich wandte er sich mir wieder zu. »Sie können ihnen doch eine Geschichte erzählen. Wollen Sie wissen, was Sie ihnen erzählen können? Sie erzählen ihnen einfach folgende Geschichte. Eine Geschichte, die jeder kennen muss, denn sie ist die reine Wahrheit. Als Kind kannte ich einen Jungen aus unserem Viertel. Acht Jahre alt. Er wurde Zeuge, wie sein Vater vor seinen Augen von vier Polizisten zu Tode geprügelt wurde.

Als sie von ihm abließen, lief er zu seinem Vater hin und sah, wie das Gehirn aus seinem Kopf aufs Straßenpflaster quoll. Diesen Polizisten geschah nie etwas. Überhaupt nichts.

Danach musste seine Mutter seine kleinen Brüder und Schwestern allein durchbringen. Sie nahm Näharbeiten und Wäsche zum Waschen an, und trotzdem war nie genug zu essen da. Das machte ihn so wütend. Er entwickelte sich zum wütendsten Kind, das man sich vorstellen konnte.

Dann sah er, als er vierzehn war, eines Tages einen der Polizeibeamten, die seinen Vater vor seinen Augen getötet hatten, und brachte ihn um. Mit einem Messer. Er stach auf den Mann ein, bis er tot war.

Wenn Sie von einem Teenager hören würden, der einen Polizisten umgebracht hat, würden Sie ihn für einen abscheulichen Menschen halten, der für immer ins Gefängnis gehört. Aber nur, weil Sie nicht die ganze Geschichte kennen würden. Sie wüssten nicht, was ihm passiert war. Sie wüssten nicht, was er gesehen hatte. Sie wüssten es nicht. Stattdessen fällen Sie einfach ein Urteil.

Dieser Junge wuchs zu einem anständigen Mann heran, der sich liebevoll um seine Familie kümmerte. Er heuerte auf den Muschelfischerbooten an, schuftete schwer und arbeitete sich zum ersten Maat hoch. Er war kein schlechter Mensch. Verstehen Sie, was ich damit sagen will?

Es war nicht so schwarz-weiß, wie es jemand Außenstehendem erscheinen mochte. Es war grau.

Genauso ist es mit Jessica. Ich kenne sie. Sie kennt meine Frau. Jessica ist Alices Lieblingspflegerin. Sie ist freundlich und geduldig mit ihr. Und nie grob. Sie hat

kleine Kinder und niemanden, der ihr hilft. Niemanden. Wissen Sie, wie viel Geld sie von diesem Pflegedienst bekommt? Acht Dollar die Stunde. Und damit soll sie ihre Kinder allein großziehen.
Wenn sie dieses Medikament verkauft, um ihren Kindern Schuhe zu kaufen, ist das für mich in Ordnung. Ich kann neue Medizin für Alice bekommen. Ich weiß, wie es ist, wenn man ein Kind ohne Schuhe ist und dann nicht zur Schule gehen kann.
Deshalb melde ich sie nicht, und deshalb dürfen Sie sie auch nicht melden.«
Er hielt ein paar Sekunden inne, um Luft zu holen. Er weinte. »Die Welt ist nicht schwarz-weiß. Schwarz-weiß gibt es nicht. Es gibt nur grau. Man muss im Grau leben, oder man hat keine Güte im Herzen. Sie müssen das Grau sehen. Das erzählen Sie ihnen. Erzählen Sie es allen.«

Ich ging hinaus zu meinem Auto, setzte mich hinters Steuer und blieb lange dort sitzen. Ich kannte die Helferin, hatte sie ein paar Mal getroffen, wenn unsere Termine sich überschnitten. Auf ihrem Smartphone zeigte sie Frank und mir immer Bilder von ihren Kindern. Einmal bat sie mich, ihr zu helfen, denn nachdem sie sieben Tage hintereinander Doppelschichten gearbeitet hatte, besaß sie einfach nicht mehr genug Kraft in den Armen, um Alice mit der erforderlichen Sanftheit umzudrehen. Zur Weihnachtszeit fragte sie mich, ob ich Lebensmittelbons zum Sonderpreis kaufen wolle, damit sie Geld für Spielsachen für ihre Kinder hätte, die so klein waren, dass sie noch an den Weihnachtsmann glaubten. Verwirrt über ihr Angebot, errötete ich und lehnte es stammelnd ab, nicht, weil es illegal war, sondern weil ich nicht wusste, wie man Lebensmittelbons benutzte. Als meine Kinder noch Babys waren, mag mein Leben auch hart gewesen sein, aber ihres war um ein Vielfaches unsicherer und instabiler.

Am Ende rief ich Grace an, eine Seelsorge-Kollegin. Der vielleicht größte Vorteil an der Tätigkeit als Hospizseelsorgerin ist, dass man mit anderen Seelsorgern zusammenarbeitet. Grace war viel älter, viel erfahrener und viel weiser als ich. Grace war meine Seelsorgerin, so wie ich die meiner Patienten war.

Ich erläuterte ihr die ganze Situation und fragte sie, was ich tun solle.

»Christy muss das wissen«, sagte sie mit ihrer leisen, rauen Stimme.

»Ich weiß, ich weiß. Aber ich habe ein schreckliches Gefühl dabei, weil er mich gebeten hat, es nicht zu tun.«

»Hier stehen aber noch andere Dinge auf dem Spiel, als nur seine Wünsche. Du musst zum Wohle des Patienten handeln. Du musst das Gesetz befolgen. Du musst an unseren Pflegedienst und die anderen Patienten denken, die uns brauchen und die betroffen wären, wenn wir schließen müssten. Und an die Drogenabhängigen, denen dieses Medikament verkauft wird.«

»Ich weiß. Ich bekomme aber einfach seine Stimme und sein Gesicht nicht aus dem Kopf. Mir will seine Geschichte einfach nicht aus dem Sinn gehen …«

Grace unterbrach mich. »Schon erledigt. Ich hab's ihr gerade gesagt.«

»Was?«

»Na, ich habe ihm ja nicht versprochen, es Christy und Peggy nicht zu erzählen. Du schon, aber ich nicht. Also

habe ich ihr eine E-Mail geschickt, während wir telefoniert haben. Jetzt ist es erledigt.«
Bevor ich irgendetwas sagen konnte, klopfte es in meinem Handy an. Ein weiterer Anruf – von Christy, meiner Chefin.
»Ich muss Schluss machen«, sagte ich zu Grace.
»Viel Glück.«
Christy war nicht erfreut. »Hättest du es mir wirklich nicht gesagt, Kerry?«
»Doch, natürlich hätte ich. Ich musste es nur erst mal in meinem Kopf klären.«
»Was gab es denn da zu klären? Das ist ziemlich eindeutig, Ker. Es sollte eigentlich nichts zu klären geben. Das hier ist schwarz und weiß.«
Aber für Frank und mich war es das nicht.

»Man muss im Grau leben, oder man hat keine Güte im Herzen«, hatte Frank gesagt. Was meinte er mit dem »Grau«? Und was hatte das mit Güte zu tun?
Ich kann nicht für Frank antworten, aber ich kann erklären, warum seine Worte dafür sorgten, dass ich eine ganze Stunde im Auto saß.
Als bei mir eine Wochenbettpsychose diagnostiziert wurde, musste ich Zyprexa einnehmen. Dieses Medikament rettete mir das Leben, erschwerte es mir aber auch erheblich. Zwar ging es mir besser als während der Anfälle von Katatonie, die mich über Stunden bewegungsunfähig gemacht hatten, aber nun schlief ich sechzehn Stunden am Tag und nahm innerhalb von drei Monaten fast dreißig Kilo zu. Ich bekam Schmerzattacken in den Beinen und ein unkontrollierbares Zucken in den Füßen. Beim Gehen hatte ich

das Gefühl, durch hüfthohen feuchten Beton zu waten. Auch mein Kopf fühlte sich an, als wäre er voll mit feuchtem Beton, und selbst der einfachste Gedanke stellte sich nur mit äußerster Konzentration und Anstrengung ein. Anhand von To-Do-Listen, die mich daran erinnerten, dass ich »Zähne putzen«, »das Gesicht waschen«, »mich anziehen«, »dem Baby die Windeln wechseln« musste, schleppte ich mich durch meine Tage. Jede Bewegung war mühsam, körperlich und geistig.

Obwohl es mir also besser ging, war ich immer noch weit davon entfernt, allein mit einem neun Monate alten Säugling einkaufen gehen zu können. Da ich jedoch zur Linderung meiner Fußschmerzen neue Schuhe brauchte, nahm mich meine Mutter mit zu Macy's, so wie früher.

Während ich hässliche Gesundheitsschuhe anprobierte, indem ich quälend langsam versuchte, meine Muskeln zu der erforderlichen Bewegung zu veranlassen und mein Gehirn zur Konzentration zu zwingen, damit ich entscheiden könnte, welche Schuhe ich kaufen sollte – eine Aufgabe, die mir so unfassbar schwer erschien –, wurde mein Baby in seinem Kinderwagen allmählich ungeduldig. Mein Sohn begann zu quäken und sich zu winden. Während meine Mutter eine Verkäuferin suchte, fing er an zu weinen.

Ich saß da, einen Schuh an und einen aus, verwirrt, erschöpft und völlig am Boden zerstört angesichts dessen, wozu mein Leben – wozu ich – geworden war. Ich sah ihm beim Weinen zu, während ich darauf wartete, dass meine Mutter zurückkam und mir sagte, was ich tun sollte.

Eine Frau, die nicht weit von mir entfernt saß, fing an, ihrer Freundin Bemerkungen über die Situation zuzuflüstern, aber so laut, dass ich sie hören konnte.
»Was für eine Mutter sitzt denn einfach da und lässt ihr Baby schreien?«, sagte sie. »Hast du so was schon gesehen?« Ich saß da und hörte zu, wie sie sich über mich und mein Kind ausließ. Ein weinendes Kind, meinte sie, sollte einem doch wichtiger sein als ein Paar neue Schuhe. Aber manche Leute seien offensichtlich so egoistisch. Oder faul? Wenn sie ein Baby hätte, würde sie es nie schreien lassen. Wieso bekämen solche Frauen überhaupt Kinder? Ihr Baby würde nie so schreien.
Meine Mutter kam mit einem größeren Paar Schuhe für meine geschwollenen Füße zurück. »Probier sie mal schnell an«, ermunterte sie mich und wandte sich gleichzeitig dem Baby zu, um es zu beruhigen.
Doch etwas in mir zerbrach. Diese Frau hatte nicht wissen können, wie krank ich war, noch, wie sehr mich das Medikament körperlich einschränkte. Sie urteilte bloß anhand dessen, was sie sehen konnte. Was sie sah, erschien ihr schwarz-weiß. Sie gab mir keinen Vertrauensvorschuss, stellte sich nicht die empathische Frage, was mit mir, meiner Mutter und meinem Sohn los war. Sie sollte einfach verstehen, dass ich krank war und das Beste in meinen Kräften Stehende tat. Sie sollte aufhören, mich zu beschämen. Sie sollte verstehen, dass ich mich angesichts dessen, was passiert und wozu ich geworden war, sowieso schon so sehr schämte, dass ich es kaum aushielt. Sie sollte sehen, dass ich grau war. Ich stand auf – langsam – und ging zu ihr hinüber, einen kleinen Schritt nach dem anderen, so schnell ich

durch den gefühlten Beton hindurch konnte. Sie und ihre Freundin betrachteten mich angewidert. Ich sagte nichts von dem, was ich hatte sagen wollen. Für all das fehlten mir die Worte. Stattdessen sagte ich: »Babys weinen manchmal. Das ist einfach so. Wenn Sie es nicht aushalten, wenn ein Baby weint, ist es gut, dass Sie keins haben. Hoffen wir, dass Sie nie eins bekommen. Hoffen wir, dass nie ein Baby unter Ihnen als Mutter leiden muss.«

Sie brach in Tränen aus. Sie schluchzte so heftig, dass der Stiefel, den sie gerade anprobieren wollte, ihr aus der Hand fiel, so heftig, dass ich mich fragte, ob sie es nicht nur vortäuschte. Schließlich zog ihre Freundin sie am Ellbogen hoch, packte ihre Schuhe und ihre Handtasche und sagte: »Komm, lass uns gehen.«

Erst Jahre später hörte ich auf mich zu fragen, warum die Frau so reagiert hatte; bis dahin hatte ich nie darüber nachgedacht, was ihr wohl widerfahren sein mochte. Hatte sie kein Kind bekommen können oder eine Fehlgeburt gehabt oder war ein Kind am plötzlichen Kindstod gestorben? Erst da musste ich an das Grau in ihrem Leben denken, das ich nicht hatte sehen können, statt des Schwarz-weißen, das ich gesehen hatte. Erst da wurde mir bewusst, dass ich ihr auch keine Güte entgegengebracht hatte.

Nichts ist nur so, wie es scheint. Das haben meine Hospizpatientinnen und -patienten mich gelehrt. Im Leben jedes Menschen gibt es unter der Oberfläche immer noch weitere Schichten, unsichtbare Erinnerungen hinter jedem Gesicht, jeder Entscheidung, jeder Bewegung oder dem Fehlen von Bewegung. Zwischen dem Schwarzen und dem Weißen gibt es immer auch Grau.

In der folgenden Woche klopfte ich zu meiner regelmäßigen Besuchszeit bei Frank an die Tür. Er zog sie auf und blieb schweigend auf der anderen Seite des Fliegengitters stehen.

»Hallo Frank«, sagte ich.

Er stand da und starrte mich an. Er sah weniger wütend als vielmehr leer aus. Wir verharrten eine ganze Minute in Schweigen. Dann öffnete er die Fliegengittertür und gab sie mir in die Hand. Während ich eintrat, drehte er sich um und ging wortlos fort.

Ich folgte ihm ins Wohnzimmer und ging zu Alices Bett hinüber. Sie lächelte und hob den Zeigefinger, ein Zeichen, dass sie meine Hand halten wollte. Wie immer betete ich laut zehn Ave Maria, ein Vaterunser und ein Ehre sei dem Vater – ein Gesätz des Rosenkranzes –, während sie die Worte mit den Lippen formte. Sie schloss die Augen und löste ihren sanften Griff um meine Hand.

Ich wandte mich Frank zu, der mit verschränkten Armen und gesenktem Kinn in seinem Sessel saß. Er blickte uns an, sagte aber immer noch nichts zu mir.

»Hi Frank. Darf ich mich setzen?«

Keine Antwort. Ich blieb stehen. »Sie sind sauer auf mich. Es tut mir leid.«

Nichts.

»Frank.« Ich zögerte. Sollte ich in aller Ausführlichkeit erklären, was passiert war? Versuchen, mein Verhalten zu rechtfertigen? Argumentieren, dass ich genggenommen Christy ja gar nichts erzählt hatte? Erklären, dass meine Verantwortung für die Sicherheit und das Wohlergehen meiner Patienten Vorrang vor seinem Wunsch nach Geheimhaltung hatte? Im Wesentlichen

also die Beziehung zerstören, die wir aufgebaut hatten? Stattdessen sagte ich nur: »Wissen Sie, ich muss auch im Grau leben.«
Er sog hörbar Luft ein, hob den Kopf und legte ihn in den Nacken. »Ja«, sagte er langsam. »Ja, das nehme ich an.«
Schweigend wartete ich noch zehn Sekunden, bevor ich meine Tasche nahm und mich zum Gehen wandte. »Sie können sich auch wieder setzen«, sagte er am Ende.

Die Tatsache, dass es in unserem Leben – und nicht nur in unserem, sondern im Leben eines jeden Menschen, dem wir begegnen – einen Grauton gibt, enthebt uns nicht der Notwendigkeit zu handeln. Sie kann nicht verhindern, dass das Leben weitergeht, denn auch völlige Bewegungslosigkeit erzeugt kleine Wellen in der Welt, da sich andere um unsere Reglosigkeit herum bewegen.
Im Grauton zu leben, enthebt uns auch nicht der Notwendigkeit, schwierige Dinge zu tun und schwierige Entscheidungen zu treffen. Womöglich macht es diese Entscheidungen noch schwieriger.
Aber vielleicht ist das auch der springende Punkt. Es macht es schwieriger, andere zu verurteilen, und damit auch, sie zu beschämen. Wenn wir andere nicht beschämen können, fällt es uns schwerer, zu der Überzeugung zu gelangen, dass sie nicht annähernd so sind wie wir oder dass nichts passieren könnte, das uns zu dem machte, was sie sind. Wir müssen uns also eingestehen, dass jede von uns eine liebende Mutter und zugleich eine Drogendealerin sein kann, die sterbende Patientinnen bestiehlt; beides kann nebeneinander

existieren. Jeder von uns könnte ein Ehemann sein, der liebevoll für seine Familie sorgt, und zugleich ein Mann, der früher jemanden umgebracht hat. Jede von uns könnte eine Seelsorgerin sein, die Tag für Tag versucht, den Sterbenden Trost zuzusprechen, und zugleich eine Frau, die in der Schuhabteilung von Macy's einmal eine Fremde zum Weinen gebracht hat.

Gütig zu sein, heißt nicht einfach nett zu sein oder den Kopf in den Sand zu stecken oder Konflikte zu vermeiden. Es heißt, anzuerkennen, dass kein Leben so ist, wie es an der Oberfläche aussieht. Es heißt, zu verstehen, dass wir nie alle Schichten im Leben kennen, und uns dafür zu entscheiden, ausgehend von diesem schwierigen grauen Ort in uns allen, zu sprechen und zu handeln. Grau wie eine OxyContin-Tablette, wie der Rumpf eines Muschelfischerbootes, wie Beton.

## JEREMIA

7

Er war ein massiger Mann, groß und breit. Die linke Hälfte seines Körpers füllte den Sessel aus; die rechte Hälfte schien dahin zu schmelzen. Auf der rechten Seite seines Gesichts ging die schlaffe Haut unterhalb der Wange in eine mehrere Zentimeter lange Hängebacke über, die Lippen waren stärker nach unten gezogen, als man es für möglich hielt, und sein Augenlid hing über der Augenhöhle. Die linke Gesichtshälfte war starr wie Stein – das Auge zusammengekniffen, die Lippen eine feste, starre Linie. Eine Seite seines Gesichts strahlte Zorn aus, die andere Erschöpfung.

Vor kurzem war er aus der Klinik in dieses Pflegeheim entlassen worden, ein schönes, privates und teures Haus. Später starb er zwar an etwas Anderem, aber die Folgen des Schlaganfalls fielen den Leuten sofort auf. Er hatte jetzt eine Sprachstörung, konnte sich kaum verständlich machen und die rechte Körperhälfte nicht mehr benutzen. Seine linke Seite war zwar viel weniger beschädigt, aber steif und spastisch.

Da er nicht mit mir reden konnte, ich aber gerne ein Gefühl dafür bekommen wollte, wer er war, sprach ich die zuständige Pflegekraft an. Sie kannte ihn nicht, denn er war direkt aus der Reha nach dem Schlaganfall ins Pflegeheim gekommen. Sie sagte, sie wisse nicht, wie stark das Gehirn beschädigt sei. Er lächle nicht, stelle keinen Blickkontakt her und interagiere nicht mit den Pflegekräften, außer dass er sich bei Berührung zur Wehr setze. Er neige zu Wutanfällen, bei denen er mit seinem linken Arm und Bein ausschlage. Sie hatte den Verdacht, dass der Hirnschaden ein beträchtliches Ausmaß haben könne.

»Ich würde da nicht reingehen«, sagte sie. »Er mag Besucher nicht, und ich weiß nicht, was er machen wird.«

»Gut. Ich werde einfach seine Frau anrufen und ihr für den Fall, dass sie irgendetwas von mir braucht, meine Kontaktdaten geben.«

Solche Erstgespräche am Telefon können heikel sein und erfordern ein gewisses Fingerspitzengefühl, vor allem, wenn der Patient in einem Pflegeheim lebt und die Familie zu Hause. Man muss rasch seinen Namen und seine Berufsbezeichnung unterbringen und dann zu erklären versuchen, wie die Rolle der Hospizseelsorgerin aussieht und warum man anruft, ehe sie sagen können, sie hätten bereits einen Pastor, und dann auflegen.

Ehepartnerinnen und -partner sind zuweilen misstrauisch. Manchmal geben sie Einsichten in Vorlieben und Abneigungen, Werdegang und Glauben ihres Partners/ihrer Partnerin weiter oder wollen einen Termin vereinbaren, damit wir uns persönlich kennen lernen. Manchmal sagen sie, sie wollen nicht mit mir sprechen und reden dann eine Stunde lang ununterbrochen und bitten mich, sie in der nächsten Woche wieder anzurufen, um dann zu wiederholen, dass sie nicht mit mir sprechen wollen. Da draußen gibt es Leute, mit denen ich stundenlang gesprochen habe, und die ich trotzdem nicht erkennen würde, wenn sie bei mir hereinspazierten und sich vor meine Nase setzten. Manchmal öffnen sie sich sofort, weil sie das Bedürfnis haben, mit jemandem zu reden, und die Bezeichnung »Seelsorgerin« besagt ja, dass ich jemand bin, mit der man sprechen kann. Der Mann einer Patientin unterbrach mich einmal, als ich gerade mit meinen Eingangsbemerkungen loslegen wollte. »Ich weiß, was ein Seelsorger ist«, sagte er, »ich war nämlich beim Militär. Der Seelsorger ist der Mensch, dem man seine Geheimnisse anvertrauen kann.«

Als ich mein Handy hervorholte, um die Frau dieses neuen Patienten anzurufen, blickte die Pflegerin zu mir auf.

»Sie ist eine nette Dame, aber sehr emotional. Ein bisschen hysterisch und nicht bereit, der Wirklichkeit ins Auge zu sehen. Sie könnte Sie sogar benutzen.«

Mit dem emotionalen Teil hatte die Pflegekraft recht. Die Frau begann zu weinen, kaum dass ich mich vorgestellt hatte. Sie erzählte mir alles über ihren geliebten Mann. Seine Freundlichkeit, seinen Humor, seine Kraft. Er habe Klavier gespielt und über vierzig Jahre lang seine eigene Anwaltskanzlei geführt. Er sei ein guter Vater. Sie sagte, sie wisse, dass er um sich trete und schlage, aber sie glaube nicht, dass eine erhebliche Hirnschädigung vorliege. Sie glaube, er habe Angst, und die Pflegekräfte hätten voreilige Schlüsse gezogen. Sie sagte, sie wisse, dass man sie nicht möge und ihren Mann als Rüpel betrachte. Einen Besuch von mir hielt sie für eine großartige Idee. Sie sagte mir, er liebe die Bibel. »Er ist so allein. Bitte besuchen Sie ihn und lesen Sie ihm ein bisschen aus der Bibel vor«, sagte sie. »Bitte gehen Sie zu ihm.«

Ich sagte der Pflegerin, ich würde hineingehen und ihm nur mal Hallo sagen.

»Wie Sie meinen. Achten Sie nur darauf, dass Sie weit genug von ihm weg sitzen, damit er Sie nicht packen oder schlagen kann. Und nehmen Sie Ihr Umhängeband ab, dann kann er Sie nicht würgen«, sagte sie, mit dem Kopf auf den Ausweis deutend, der an einem Band um meinen Hals hing. »Sagen Sie mir Bescheid, wenn Sie da drin fertig sind, damit ich mir keine Sorgen mache.«

Die Schwestern in Pflegeheimen ignorieren mich normalerweise, wirken irgendwie peinlich berührt, wenn ich mir eine Patientenakte schnappe, um etwas einzutragen, und bitten mich nie, nie, nie, ihnen nach einem Besuch Bescheid zu sagen, weshalb mich diese Bemerkung etwas nervös machte.

Ich klopfte bei dem Patienten an, trat ein und stellte mich vor. Er warf mir einen flüchtigen Blick zu und sah dann starr geradeaus. Ich sagte ihm, seine Frau habe mich gebeten, ihn zu besuchen und ihm vorzulesen. Da er kein Zeichen des Widerspruchs von sich gab, schlug ich die Bibel beim Buch der Psalmen auf. Das ist mein Türöffner zur Bibel. Fast jeder, der die Bibel mag, mag die Psalmen. Ich las langsam daraus vor, ließ die Poesie nachklingen und beobachtete ihn aus dem Augenwinkel. Er schien mich zu ignorieren, doch als ich fertig war, machte er mit der noch einsatzfähigen Hand eine Bewegung, als wollte er nach dem Buch greifen.

»Möchten Sie die Bibel in die Hand nehmen?«, fragte ich. Er nickte zwar nicht, hielt aber seine zittrige Hand weiterhin ausgestreckt, knurrend und den Blick starr auf das Buch gerichtet. Ich legte es ihm offen in den Schoß. »Vielleicht finden Sie ja Ihre Lieblingsstelle, dann kann ich sie Ihnen laut vorlesen.«

Die Bibel war klein, so klein, dass sie zusammen mit riesigen Aktenordnern und einem Laptop in meine

Arbeitstasche passte. Da der Druck winzig und das Papier hauchdünn war, konnte ich bei schlechtem Licht kaum selbst darin lesen. Er versuchte, mit den gespreizten, steifen Fingern seiner linken Hand die Seiten umzublättern, was ihm jedoch nicht gelang. Langsam, aber mit viel zu viel Kraft wischte er darüber, verschob immer mehrere Blätter auf einmal und ging so in dem Buch vor und zurück. Die zellstoffdünnen Blätter knitterten. Ein paar davon zerriss er grummelnd. Hauchdünnes Papier schwebte zu Boden, als Blätter aus der Bindung ausrissen. Dabei hob er nicht einmal den Blick von seiner Tätigkeit. Ich hockte auf der Stuhlkante und sah ihm zu. Mir war nicht klar, ob er ohne Sinn und Zweck die Seiten umblätterte oder wütend versuchte, das Buch zu zerstören.
»Haben Sie einen Lieblingsvers?«, fragte ich zaghaft. Ich griff nach dem beschädigten Buch, worauf er mir grob auf die Hand schlug und dann mit dem Blättern fortfuhr. Seine maximale Konzentration war nahezu greifbar.
Ich wusste nicht, wie ich das beenden sollte. Falls er nach einer bestimmten Stelle suchte, war mir schleierhaft, wie er sie je finden sollte. Ich wusste nicht, wie ich ihm die Bibel abnehmen und diesen Vorgang, der nun schon mindestens fünf Minuten dauerte, zu einem guten Ende bringen könnte. Ich erwog, die Pflegerin zu holen, hatte aber gleichzeitig Sorge, mir damit die winzig kleine Chance der Kontaktaufnahme mit ihm zu zerstören. Ich traute mich nicht, ihm so nah zu kommen, dass ich ihm das Buch hätte abnehmen können. Ich wusste nicht, was ich tun sollte, und schämte mich für meine eigene Unsicherheit. Ich wollte nur noch da raus.

Dann hielt er inne, knurrte mich laut an und hielt mir mit seiner heftig zitternden Hand das Buch hin.
Ich nahm es rasch an mich und warf einen Blick darauf. Die Bibel, oder die Überreste davon, war beim Propheten Jeremia aufgeschlagen.
Der größte Teil des Buches Jeremia ist eine eher schwer verdauliche Lektüre. Jeremia war ein jüdischer Prophet, dessen scharfe Kritik an seinem Volk zu dem Begriff »Jeremiade« führte, einer langen, verbitterten Auflistung von Schwächen der Gesellschaft und Prophezeiungen ihres Zusammenbruchs.
Die biblischen Propheten waren aber entgegen einer weit verbreiteten Ansicht keine Wahrsager. Sie prophezeiten keine in ferner Zukunft liegenden Ereignisse, und während frühe Christen (und manche auch noch heute) gerne nach Stellen suchten, an denen die Anwesenheit Jesu Jahrhunderte zuvor in den Schriften vorausgesagt worden war, ging es den Propheten selbst um etwas ganz anderes.
Sie versuchten, den Menschen an ihrem Ort und zu ihrer Zeit bittere Wahrheiten nahezubringen, die sie nicht hören wollten.
Und Jeremia hielt sich mit seinen bitteren Wahrheiten nicht zurück. Er lebte in einer unruhigen und für das jüdische Volk verheerenden Zeit. In den rund vierzig Jahren, in denen er seinem Schreiber Baruch sein Buch diktierte, ging er auch hinaus und predigte öffentlich über all die Sünden und Verfehlungen der Juden und die schrecklichen Dinge, die über sie kommen würden, wenn sie so weitermachten. Er schrieb scharfe Briefe an die Priester und Ältesten und unternahm Einiges, um seinen Warnungen Aufmerksamkeit zu verschaffen

(schräge Dinge wie das Umherziehen in den Straßen mit einem massiven hölzernen Joch um den Hals). Während dieser Zeit wurde das Königreich Juda gewaltsam eingenommen und zerfiel, der Tempel in Jerusalem wurde vollkommen zerstört und das jüdische Volk aus dem von Gott verheißenen Land fort in die babylonische Gefangenschaft geschickt. Die Juden verloren ihre Heimat und das ihnen vertraute jüdische Leben. Es schien, als habe Gott sie verlassen und all seine Zusagen an sie gebrochen.
Jahre-, jahrzehntelang hatte Jeremia sein Volk vor diesem nahenden Unheil gewarnt und gab ihm nun ohne Umschweife die Schuld dafür. Er sagte den Juden, sie verdienten die ganze Bedrängnis, die sie jetzt durchlitten. Und Gott habe ihm aufgetragen, ihnen all diese Dinge zu sagen.
Als nun mein Patient bei Jeremia landete, mir entschlossen die aufgeschlagene Bibel gab, etwas knurrte und dann nickte, hatte ich eine kurze Panikattacke. Sollte ich laut vorlesen, egal was da stand? Und was, wenn er nun beispielsweise Jeremia 17 erwischt hatte:

*Das Land, das ich dir als Erbbesitz gegeben habe,*
*wirst du verlassen müssen;*
*das hast du dir selbst zuzuschreiben.*
*Ich mache dich zum Sklaven deiner Feinde*
*in einem fernen, unbekannten Land.*
*Denn du hast meinen Zorn wie ein Feuer angefacht*
*und dieses Feuer hört nie mehr auf zu brennen!*

Oder Jeremia 4:

*Und was machst du, Jerusalem?*
*Du bist schon dem Untergang geweiht und*
*putzt dich noch mit leuchtend roten Kleidern heraus,*
*behängst dich mit Goldschmuck*
*und bemalst dir die Augenränder?*
*Das wird dir nichts mehr nützen.*
*Deine Liebhaber haben dich satt;*
*sie wollen dir jetzt ans Leben!*

Sollte ich zu einer anderen Seite blättern? Oder so tun, als hätte ich ihn nicht verstanden? Er konnte doch unmöglich mit Absicht bei Jeremia gelandet sein!
»Soll ich Ihnen das hier vorlesen?«, fragte ich. Zum ersten Mal blickte er mich an. Ich glaubte, ein kaum merkliches Nicken wahrzunehmen.
Ich senkte den Blick auf die zerrissene und zerfetzte Bibel, die jetzt auf meinem Schoß lag. Rasch überflog ich die zwei Zeilen ganz oben auf der Seite.
Wieder sah ich den Mann an. »Ist das Ihre Lieblingsstelle?«, fragte ich unsinnigerweise. Er wandte den Blick ab, sodass ich auf seine herabhängende Gesichtshälfte sah.

Ich las die Zeilen vor:

*Ich habe nie aufgehört, dich zu lieben.*
*Ich bin dir treu wie am ersten Tag.*

Tränen begannen ihm über die Wangen zu rinnen, aber er war still. Und ich erleichtert. Der Vers, bei dem er gelandet war, war kein verletzender. Der Mann war ruhig. Und ich hatte den Überrest meiner Bibel wieder. Und weil ich beklommen war und vor lauter Angst nicht mehr neugierig sein konnte, hörte ich danach auf zu lesen.

»Schön!«, sagte ich mit aufgesetzter Heiterkeit. »Zeit für mich zu gehen!«

Ich nahm meine Tasche und verließ das Zimmer.

»Was um alles in der Welt war denn da drin los?«, fragte die Pflegerin.

»Ach, alles in Ordnung«, sagte ich. »Ich habe ihm bloß ein bisschen vorgelesen.«

Erst zu Hause las ich den Rest des Kapitels.

*Von weit her ist der HERR seinem Volk erschienen;*
*er sagt: »Ich habe nie aufgehört, dich zu lieben.*
*Ich bin dir treu wie am ersten Tag,*
*Israel, meine Geliebte!*
*Ich gebe dir einen neuen Anfang,*
*deine Städte baue ich wieder auf.*
*Leg die Trauer ab, nimm wieder*
*deine Tamburine und tanze im Festreigen mit!*
*Pflanzt Reben auf den Bergen von Samaria!*
*Fürchtet nicht, dass Fremde die Früchte genießen!*
*Der Tag ist nicht fern, da wird man*
*auf den Bergen Efraims rufen:*
*›Zieht hinauf zum Berg Zion,*
*zu dem HERRN, unserem Gott!‹«*

*Der Herr sagt: »Singt und jubelt!*
*Freut euch mit Israel, dem ersten aller Völker!*
*Preist und dankt, sagt es überall weiter:*

*›Der HERR hat geholfen!*
*Alle, die von seinem Volk übrig geblieben sind*
*hat er befreit.‹*
*Ja, ich, der HERR, hole sie heim aus*
*den Ländern des Nordens,*
*ich sammle sie von den Enden der Erde.*
*Blinde und Gelähmte bleiben nicht zurück,*
*auch die Schwangeren und Wöchnerinnen bringe ich mit.*
*Alle kehren zurück, eine mächtige Schar …*

*Sie kommen zum Berg Zion und stimmen Jubellieder an.*
*Sie freuen sich über meine Gaben,*
*über Korn, Wein und Öl, über Schafe und Rinder.*
*Sie blühen und gedeihen wie ein bewässerter Garten,*
*nie mehr werden sie zugrunde gehen.*
*Die Mädchen freuen sich und tanzen,*
*Jung und Alt sind fröhlich.*
*Ich werde sie trösten;*
*ich verwandle ihre Trauer in Jubel,*
*ihren Kummer in Freude.«*

Kann man sich für einen Mann, der so viel verloren hatte, trostreichere Worte vorstellen? Die Worte Gottes, wie Jeremia sie wiedergab, die verheißen, dass es inmitten eines solchen Verlustes Freude nicht nur geben konnte, sondern auch geben würde? Dass ein Tanzen und Singen sein würde? Dass selbst alte Männer wieder tanzen und glücklich sein würden?
Das waren die Worte, die er aufgeschlagen hatte. Zehn Minuten und eine unsägliche Anstrengung hatte es ihn gekostet, die Worte zu finden, die er hören wollte, und ich hatte sie ihm nicht vorgelesen.

Warum nur? Warum, selbst nachdem ich den wunderbaren Vers oben auf der Seite gelesen hatte?
Durch die Warnungen der Pflegerin und erst recht durch die Zerstörung meiner Bibel schon ziemlich nervös geworden, hatte ich oben auf der Seite JEREMIA gelesen und das Schlimmste vermutet. Ich hatte vergessen, dass Gott zwar das Verhalten des Volkes von Juda angeprangert, ihm zugleich aber zugesagt hatte, dass sein Leiden nicht ewig währen würde. Durch Jeremia hatte der Herr den Juden versprochen, dass sie nach Hause zurückkehren, dass sie überleben würden. Und das taten sie. Genau genommen behaupten manche Wissenschaftler, das jüdische Volk sei erst während der babylonischen Gefangenschaft wirklich jüdisch geworden. In dieser Zeit entwickelte das Judentum seinen revolutionären und ihn bestimmenden Eingottglauben. Da die Juden keine Tieropfer darbringen konnten, denn das war nur im Tempel von Jerusalem möglich, fingen sie an, ernsthaft die Thora zu studieren, und das war der Anfang der rabbinischen Tradition. Im Gottesdienst, der in neu gebildeten örtlichen Synagogen stattfand, wurde gesungen, gebetet und aus der Thora gelesen, was auch den heutigen jüdischen Gottesdienst prägt. Auf diese und noch andere Arten wurde die Identität des jüdischen Volkes durch die babylonische Gefangenschaft in besonderem Maße geprägt.
Ich hatte mich nur auf das Leid konzentriert und nicht mehr daran gedacht, dass etwas Wunderbares daraus hervorgegangen war. Ich hatte vergessen, dass selbst mitten in Jeremias Tiraden Gott seinem Volk Trost verhieß. Er versprach ihnen, dass sie, auch wenn

sie vielleicht würden leiden müssen, niemals zerstört werden würden. Er versprach, dass er, selbst wenn sie sich von ihm abwendeten, niemals aufhören würde sie zu lieben.

Ich war nervös gewesen, ja. Aber ich hatte mir innerlich auch schon ein Bild von diesem Mann gemacht, über den ich so gut wie nichts wusste. Ich hatte angenommen, dass ihm gar nicht klar war, was er da tat, und dass er entweder aus Versehen oder durch Zufall auf dieser Seite gelandet war. Ausgehend von ein paar Grunzlauten, spastischen Bewegungen und den Bemerkungen der Pflegekraft hatte ich ihn als unfähig eingestuft. Ich sah nicht den liebenswürdigen Ehemann, den erfolgreichen Anwalt, den vernarrten Großvater. Einen Mann, dem sehr wohl eine Bibelstelle so am Herzen liegen konnte, dass er eine Bibel kaputtmachte, um sie zu finden.

Seine Frau hatte mich nicht gebeten, ihn zu trösten. Ich sollte ihn einfach sehen. Darin war ich gescheitert. Ich hatte ihn besucht, ihn aber letztlich nicht gesehen. Ich hatte es nicht geschafft, an seinem vom Schlaganfall beschädigten Körper vorbeizusehen.

Der Wunsch, als die Person, die man ist, gesehen, gekannt und akzeptiert zu werden, kommt bei meinen Familien und Patienten immer wieder hoch. Es muss hart sein, wenn andere Leute den eigenen Körper ganz anders wahrnehmen als man selbst, und wenn man nur aufgrund dieses Körpers beurteilt wird. Es muss hart sein, wenn die Menschen um einen herum sich weigern, einen so zu akzeptieren, wie man sich selbst sieht, und einen stattdessen furchterregend oder bemitleidenswert finden.

»Das mag Ihnen verrückt erscheinen«, sagte eine andere Patientin sehr zögerlich, während sie sorgfältig ein paar Blumen in einer Vase arrangierte. Sally hatte jahrzehntelang als Floristin gearbeitet, war glücklich verheiratet gewesen, hatte vier Kinder großgezogen, in der Bibliothek dienstags Bridge und donnerstags Bunko gespielt und nichts so sehr genossen wie eine Kreuzfahrt durch die Karibik mitten im rauen, feuchten Winter auf Rhode Island. »Ich bin nämlich Jeanne d'Arc. Wiedergeboren.«

»Ahh«, sagte ich.

»Halten Sie mich für verrückt?« Sie hielt in ihrer Beschäftigung mit den Blumen inne und sah mich unverwandt an.

»Nein.«

»Warum nicht?«

»Die halbe Welt glaubt an Wiedergeburt. Wer bin ich, dass ich behaupte, das sei nicht wahr?«

Sie stieß einen tiefen Seufzer aus. »Das ist eine Erleichterung.« Wieder seufzte sie. »Ich kann Ihnen gar nicht sagen, wie sehr mich das erleichtert. Danke schön.«

Ihr Sohn war besorgt. »Ich habe gehört, dass Mom Ihnen von ihrem Ding mit Jeanne d'Arc erzählt hat«, sagte er eines Tages.

»Ja, das hat sie«, sagte ich.

»Danke, dass Sie da mitgezogen haben. Sie ist in Wirklichkeit nicht verrückt, wissen Sie. Wir haben keine Ahnung, woher das kommt. Sie sagt es schon seit Jahren. Jahrzehnten, vielleicht. Lange, bevor sie krank wurde. Es bedeutet ihr sehr viel, dass Sie sie nicht für verrückt erklärt haben.«

Einer der Vorteile der Tatsache, dass ich selbst tatsächlich verrückt geworden war, besteht darin, dass »verrückt« mich überhaupt nicht stört. Diese Erfahrung hat meine Definition und mein Verständnis von Verrücktheit vollkommen verändert.

Der größere Vorteil ist aber, dass ich Vorstellungen davon, was möglich sein könnte, nicht so schnell rundheraus ablehne. Vermutlich nehmen Menschen dissoziative Drogen wie Ketamin hauptsächlich zur Entspannung – um ihr Bewusstsein zu erweitern. In diesem Sinne hat es bei mir wohl auch gewirkt. Neben dem ganzen Trauma und den Schmerzen hat es mir auch die Bereitschaft gebracht, so gut wie jede Idee, die Menschen mir gegenüber äußern, erst einmal in Betracht zu ziehen. Nicht, dass ich keine eigenen Überzeugungen und Grundsätze hätte, aber normalerweise kann ich, so ungewöhnlich es auch sein mag, das Anliegen meines Gegenübers und die Logik hinter seinen Überzeugungen sehen, ohne mich davon betroffen oder bedroht zu fühlen.

»Ich weiß nicht, warum sie an dieser Vorstellung festhält«, sagte Sallys Sohn ratlos. »Warum in aller Welt sagt sie so etwas?«

*Weil sie vielleicht tatsächlich die Reinkarnation von Jeanne d'Arc ist,* dachte ich, behielt es aber für mich.

Ich selbst glaubte nicht unbedingt, dass Sally Jeanne war. Obwohl es natürlich auch keinen endgültigen Beweis für das Gegenteil gab. Wie sollte man das auch beweisen? Das käme dem Versuch gleich zu beweisen, dass es keine grünen Aliens gibt. Für eine Negativaussage gibt es keinen Beweis. Eine weitaus interessantere Frage wäre gewesen, was es bedeutete, die Reinkarna-

tion von Jeanne d'Arc zu sein und wie sich das auf ihr Leben auswirkte.
Diese Frage konnte ich allerdings nie stellen. Obwohl es viele Gelegenheiten dazu gegeben hätte, brachte Sally das Gespräch nie wieder auf die Reinkarnation oder ihre Identität. Ihr war offenbar nur wichtig gewesen, dass ich wusste und akzeptierte, dass sie die war, für die sie selbst sich hielt.

Wer glauben Sie zu sein? Das ist eine merkwürdige Frage. Bei dem Versuch, sie zu beantworten, erfährt man jedoch eine ganze Menge über sich selbst.
Als ich krank war, damals zur Zeit der Klapphandys, installierte ich einen Textbanner auf meinem Startbildschirm, den ich jedes Mal beim Öffnen des Handys sah. Darauf stand: DU BIST FÄHIG.
Damals war ich nicht fähig. Ich war nicht fähig, einen Job zu behalten. Ich war nicht fähig, mich um einen Säugling zu kümmern. Ich war nicht einmal fähig, mich um mich selbst zu kümmern.
Doch dem äußeren Anschein und meiner aktuellen Situation zum Trotz, musste ich davon überzeugt sein, dass ich ganz in meinem Inneren fähig war, auch wenn ich es zu dem Zeitpunkt nicht war. Ich musste mich einfach daran erinnern, von morgens bis abends.
Aber ich musste es geheim halten. Ich schrieb es also nicht auf einen Zettel, den ich über die Spüle in der Küche oder an den Badezimmerspiegel heftete, wie ich es oft mit Dingen tue, an die ich denken muss.
Aus zwei Gründen wollte ich nicht, dass irgendjemand diese Botschaft sah. Erstens sollte niemand wissen, dass ich daran erinnert werden musste; ich wollte

kein Mitleid. Zweitens hatte ich Angst, dass jemand mir sagen könnte, dass das gar nicht stimmte. Ich wollte nicht, dass jemand mir in dem schleppenden, beschwichtigenden, beleidigenden Ton, den Menschen mir gegenüber damals oft an den Tag legten, sagte, dass ich einmal ein fähiger Mensch gewesen, dass das aber nicht mehr der Fall und ich jetzt offiziell und für immer ein unfähiger Mensch sei. Ich hatte Angst, dass das Ketamin und die Psychose mein tiefstes Inneres verändert, meine grundlegende Identität zerstört haben könnten. Dass ich plötzlich im Alter von einunddreißig Jahren ein völliger Niemand geworden war.

Werden wir durch unsere Erfahrungen erschaffen? Kann der innerste Kern unseres Wesens durch das, was in diesem Leben passiert, zerstört werden? Oder haben wir eine Art unveränderliche, essenzielle Seele?

Als ich das Zimmer betrat, legte John sein Buch zur Seite. Es handelte von den Anfangsjahren der Kolonie Massachusetts. Viele der darin beschriebenen Ereignisse hatten sich in unserer Region, an der Buzzards Bay, zugetragen.

»Gut, dass ich kein Pilger an einem Tag wie heute war«, sagte er. Ich wusste, was er meinte. Entlang der Südküste von Massachusetts ist der Winter brutal. Tag für Tag ist es grau, um halb drei nachmittags ist es schon deprimierend düster und um vier Uhr dunkel. Es ist nass. So nass. Der Nebel über dem Meer gefriert zu kleinen salzigen Eiskügelchen, die einem der Wind ins Gesicht treibt. Der gefrorene Nebel überzieht alles – die Fenster, die Bäume, Gesichter und Augen – mit klebrigem grauem Salz. An manchen Tagen wird einem überhaupt nicht warm, nicht einmal im Haus mit Zentralheizung und Wollsocken.

»Können Sie sich vorstellen, Sie wären vor vierhundert Jahren hier gelandet?«, fragte ich. »Und es gibt nichts, keinen Ort, an dem man sich aufwärmen oder etwas zu essen kaufen kann.«

»Schreckliche Vorstellung. Nur der Strand und das Boot, auf dem man schon Monate lang festgesessen hat. Keine Möglichkeit, aus der Nässe raus zu kommen.« Er nickte ernst.

»Diese Pilger waren zähe Leute. Ich hätte kehrt gemacht und wäre zurückgefahren. Die waren viel zäher als ich.«

Er neigte den Kopf zur Seite und betrachtete mich genau. »Wenn man Sie so hört, scheint Zähigkeit für Sie etwas Gutes zu sein«, sagte er schließlich.

Darüber musste ich eine Sekunde nachdenken. »Ja, vermutlich halte ich sie tatsächlich für etwas Gutes. Ich glaube, ich wäre gerne zäher.«

»Nein, tun Sie nicht.« Er wandte den Blick ab und machte eine wedelnde Handbewegung.

»Tue ich nicht?«, fragte ich.

»Nein. Zähigkeit macht Menschen kleinlich. Sie brauchen zum Glück nicht zäh zu sein.« Sein Gesicht war wettergegerbt und faltig; seine Hände waren dicke, fleischige Pranken; seine dunkelbraunen Augen suchten unter struppigen Augenbrauen hervor mein Gesicht ab.

»Aber Zähigkeit macht einen stark. Das ist es, was ich mir wünsche. Stark zu sein.«

»Da irren Sie sich. Zäh und stark zu sein, das ist ganz und gar nicht dasselbe.«

»Nein?«

»Nein. Das sind Gegensätze.«
»Wie denn das?«
»Man muss zäh sein, *weil* man nicht stark ist. So geht das. Ich war zäh. Hatte keine andere Wahl. Gewünscht hatte ich mir das nicht. Wenn ich Ihnen die Wahrheit sagen darf: Sie können sich glücklich schätzen, wenn Sie nicht zäh werden müssen. Sie können die bleiben, die Sie in Wirklichkeit sind. Niemand ist zäh geboren. Irgendetwas macht einen dazu. Zäh zu sein, macht einen eng. Es ist besser, wenn Sie gütig bleiben können. Niemand sollte den Wunsch haben, zäh zu sein.«
»Was hat Sie zäh gemacht?«
Er sah mich lange an. »Das Leben.«
Als frisch verheirateter Mann war er in den Krieg im Pazifik gezogen. Während er dort war, bekam seine Frau ihr erstes gemeinsames Kind, ein kleines Mädchen. Und als er seine Tochter auf einem Heimaturlaub zum ersten Mal sah, war sie schon ein Kleinkind.
»Dann ging ich zurück«, sagte er. »Tag für Tag dachte ich an die Kleine, Tag für Tag an meine Frau. Wenn ich die Augen schloss, fühlte ich mich ihnen wieder ganz nah. Ich konnte sie hören, sehen und fühlen. Das war es, was mich das alles durchstehen ließ. Mich einfach an sie zu erinnern.
Sie schrieb mir fast jeden Tag, doch dann wurden die Briefe immer seltener. Ich dachte, sie sei so sehr mit dem Baby beschäftigt oder die Zustellung der Post würde immer schwieriger. Ich hatte nie auch nur den geringsten Verdacht.
Und als dann der Brief kam, drehte ich einfach durch. Sie liebte mich nicht mehr. Sie hatte jemand anderen kennen gelernt und würde mich verlassen.

Dem Brief lag ein Foto bei, von mir mit meinem kleinen Mädchen auf dem Arm.

Sie wissen sicher, was ›Lieber John‹-Briefe sind? Genau, so nennt man bei uns Abschiedsbriefe. Das hier war buchstäblich ein ›Lieber John‹-Brief. Ich las ihn, während ich da im Dreck hockte. Dann schmiss ich ihn auf den Boden, stand auf und ging in den Dschungel. Ich wollte jemanden umbringen. Mein Offizier rief noch hinter mir her, aber er wusste, dass er mich nicht aufhalten konnte. Es gab eine Stelle, wo sich Japaner versteckten. Ich ging dorthin und brachte sie um.«

Schweigend saßen wir da.

»Meine Tochter sah ich erst nach sehr langer Zeit wieder. Da war sie schon ein großes Mädchen. Sie kannte mich nicht und liebte mich nicht. Warum auch? Für sie war ich ein Fremder. Teufel noch mal, ich war ja mir selbst ein Fremder. Genau das bewirkt Zähigkeit. Sie macht einen zu einem Fremden.«

Als ich anfing, im Hospiz zu arbeiten, sagte einmal jemand zu mir: »In den meisten Situationen im Leben kann man innerlich schwach sein, aber trotzdem durchkommen, indem man sich eine harte äußere Schale zulegt. Wenn Sie aber im Hospiz arbeiten, müssen sie außen weich bleiben. Um aufrecht stehen zu können, brauchen Sie also ein Rückgrat aus Stahl. Zwei Arten, durch die Welt zu gehen, zwei Arten, mit jenem Verlust fertig zu werden, der eine unausweichliche Erfahrung im Leben ist – mit einer harten Schale oder einem felsenfesten Rückgrat.«

Als ich noch Seelsorgepraktikantin war, rief mich eines Nachmittags eine Krankenschwester auf die Neugeborenen-Intensivstation. Ein Baby liege im Sterben.

Obwohl sie zu früh geboren und sehr, sehr klein war, hatte es anfangs so ausgesehen, als würde sie überleben. Doch dann hatte sie sich in einer rasanten Abfolge von Krisen innerhalb einer einzigen Stunde von einem erstaunlich robusten zu einem kaum noch lebensfähigen Kind entwickelt. So kann es gehen.

Während die Ärzte und Schwestern das Baby behandelten, saß ich mit der Mutter in einem dieser kleinen fensterlosen Räume, die mit Sofas und Taschentüchern ausgestattet sind und von deren Existenz die meisten Patienten und Besucher nicht einmal wissen. Es war die erste Schwangerschaft der Frau gewesen, die über die ersten drei Monate hinausgegangen war. Sie erzählte mir, dass sie Zwillinge bekommen hatte und der Junge bereits gestorben war. Ursache war eine Präeklampsie. Sie war dreiundvierzig und glaubte nicht, dass sie noch einmal ein Kind bekommen würde.

Als das Ärzteteam nichts mehr tun konnte, kam eine Schwester und holte uns.

Auf der Intensivstation war der Säugling inzwischen in eine warme Decke gehüllt worden. Der Arzt übergab ihn der Mutter. Zum ersten Mal sah sie das Gesicht ihrer Tochter ohne Schläuche in Mund und Nase und ohne Infusion am Kopf.

Für lange Zeit sagte die Mutter nichts, weinte nicht und stellte keine Fragen. »Danke«, sagte sie zu dem winzigen Säugling in ihrem Arm. »Danke, dass du mich zu deiner Mommy gemacht hast.«

Wir drei saßen lange in der Ecke der Neugeborenen-Intensivstation zusammen – das Baby, seine Mutter und ich.

»Ich wollte immer Mutter sein«, sagte die Frau plötzlich. »Ich wurde Mutter, als sie geboren wurden.«

»Ja«, sagte ich.
»Ich bin immer noch Mutter, auch wenn sie jetzt gestorben sind. Ich werde immer Mutter sein, egal was sonst passiert. Das haben sie mir gegeben.«
Was man verliert, formt, wer man wird. Daran führt kein Weg vorbei. Die Verluste löschen jedoch nicht aus, was vorher war. Dass diese Frau ihre beiden Babys verloren hatte, änderte nichts an der Tatsache, dass sie Mutter geworden war und es auch nach dem Tod der Kinder bleiben würde. Der Sprachverlust meines Schlaganfallpatienten nahm ihm nicht seine Jahre als Vater, Ehemann, Anwalt, Klavierspieler.
Manchmal schmerzt ein Verlust so sehr, dass eine äußere Schale das einzige Mittel zum Schutz unserer Seele zu sein scheint, eine Schale, die so hart ist, dass wir uns selbst nicht mehr wiedererkennen. Und doch sind wir immer noch da. Alles, was wir waren, ist noch da. Es ist nur verborgen, manchmal sogar vor uns selbst.
Als ich krank war und auch noch Jahre danach, hätte ich alles dafür gegeben, in der Zeit zurückspringen zu können. Wieder die Frau sein zu können, die ich vor der Krankheit war. Ich vermisste sie, ihren Verstand, ihren Körper, ihr Seelenleben, ihre Ansichten über sich selbst und die Welt. Ich wollte sie wiederhaben. Ich wollte wieder sie sein. Ich dachte, sie wäre für immer fort. Ausgelöscht.
Doch so funktioniert es nicht. Ich konnte nicht zurück und wieder die sein, die ich damals war. Aber der Mensch, der ich damals gewesen war, ist auch nicht weg. Ein Baum bildet jedes Frühjahr neues, zartes Grün. Diese Blätter sterben unausweichlich, aber die Ringe des Baumstamms sind immer da, tief im Inne-

ren, von seinem allerersten Frühjahr an. Wenn das Leben einfach und der Regen ergiebig ist, sind die Ringe dick; muss der Baum jedoch ums Überleben kämpfen, sind sie so dünn, dass man sie kaum sieht. Aber alle Ringe sind immer noch da.

Eine Seepocke wächst durch Anlagerung, wobei ihr Panzer mit jedem Tag dicker und dicker wird und den winzigen fleischigen Körper schützt, der sich zuvor selbst an etwas Hartes geheftet hat. Dass man diesen Körper nicht mehr sehen kann, bedeutet nicht, dass die Seepocke innerhalb des Panzers nicht lebendig ist. Lebende Dinge entwickeln sich so lange, bis sie sterben, ob jemand anderes das nun mitbekommt oder nicht. Man kann nicht verlieren, wer man einst war, kann aber auch nicht dorthin zurückkehren. Es gibt nur ein Werden.

Haben wir eine essenzielle Seele, oder ist unsere Identität dem ausgeliefert, was uns widerfährt? Die Antwort scheint beides zugleich zu sein. Wir werden, wer wir bereits sind, bis wir schließlich sterben.

Selbst wenn uns Schreckliches zugestoßen ist, werden wir immer noch, wer wir sind. Wie die Juden zur Zeit des Jeremia, die bei allem Leid und Verlust dennoch Juden wurden.

Baum oder Seepocke: Es gibt zwei Wege zu wachsen, auf die unausweichlichen Verluste und Traumata des Lebens zu reagieren. Zwei Wege, zu werden, wer man immer war.

# 8

## GEBOREN UND NOCH MAL UND NOCH MAL GEBOREN

»Wissen Sie, ich habe keine Angst vor dem Sterben«, flüsterte Louise, als ich ihr einen Psalm vorlas. Ich ließ das Buch sinken.
»Nein?«
»Nein. Habe ich nie gehabt. Das ist es nicht.«
Ich wartete. Irgendetwas würde kommen, das wusste ich, denn so etwas hatte Louise noch nie gesagt.
Bei meinen vorherigen Besuchen hatten wir – ich nenne es – »unseren Glauben miteinander geteilt«. Als Tochter italienischer Einwanderer war Louise katholisch erzogen worden, und sie und ihr vor rund dreißig Jahren verstorbener Mann hatten ihre sieben Kinder ebenfalls katholisch erzogen. Louise lebte bei ihrem Sohn Ed, inzwischen Pfarrer einer nicht konfessionsgebundenen evangelikalen Kirche, und ihrer Schwiegertochter Irene, die überaus liebevoll zu ihr war. Einer von beiden war normalerweise bei meinen Besuchen anwesend, und ich hörte ihnen zu, wie sie über ihren Glauben sprachen. Dann sangen sie Kirchenlieder. Louise stimmte immer ein, und sie lächelte, wenn sie ihr ihre Lieblingsstellen aus der Bibel vorlasen. Falls Louise sich dazu in der Lage fühlte, sprach sie ein bisschen über die Jahre, als ihre Kinder noch klein waren. Ed schaltete sich ein und erzählte von den Schwierigkeiten, in die er und seine Brüder zuweilen geraten waren. Es folgten weitere Kirchenlieder, ein Gespräch über die Güte Gottes und Mutmaßungen darüber, wie es wohl im Himmel sei. Und immer war der Ton in diesen Gesprächen ein heiterer.

Diesmal waren Louise und ich allein. Sie hatte nach ihrem Lieblingspsalm gefragt, den ich ihr vorlas.
Da gab sie plötzlich einen tiefen, bebenden Seufzer, schon fast ein Stöhnen, von sich.
»Möchten Sie –«, fing ich an, doch sie unterbrach mich.
»Meine Kinder sind nicht erlöst. Fünf von ihnen sind nicht erlöst. Ich bete für nichts anderes. Ich kann nicht sterben, bevor sie erlöst sind. Ich kann sie nicht verlassen. Sie sind nicht erlöst! Verstehen Sie?«
Das tat ich, diesen Schmerz hatte ich bereits bei einem Dutzend anderer Eltern erlebt.
Louise meinte damit den speziellen Glauben evangelikaler Christen, dass es notwendig ist, »wiedergeboren« zu werden, um erlöst und damit nach dem Tod in den Himmel eingelassen zu werden.
Wer diesen Glauben nicht teilt oder damit nicht vertraut ist, sollte versuchen, sich für einen Moment in Louises Lage zu versetzen. Sie liegt im Sterben, und sie glaubt, dass sie erlöst ist – dass sie in den Himmel kommt und bei ihrem über alles geliebten Jesus sein wird. Doch einige ihrer Kinder kommen nicht in den Himmel, jedenfalls aus heutiger Sicht. Auch diese Kinder liebt sie von ganzem Herzen. Sie hat sie in sich getragen und gestillt, hat ihre kleinen Körper gebadet und Pflaster auf ihre Knie geklebt und ihnen fast zwanzig Jahre lang Abend für Abend das Essen gemacht. Sie hat mit ihren Kindern geweint, wenn sie von Freunden zurückgewiesen wurden, sich mit ihnen gefreut, als sie ihren ersten Home-Run erzielten, und beim Chorkonzert ihre Stimme herausgehört. Sie hat sie aufwachsen sehen und gespürt, wie ihre Liebe zu ihnen wuchs. Sie liebt sie mehr als ihr Leben und insgeheim vielleicht

sogar mehr als Jesus. Es heißt, genau so liebe uns Gottvater. Wie ein Vater eben. Wenn mir also Zweifel an der Liebe Gottes kommen, brauche ich mich nur daran zu erinnern, dass Gott uns liebt wie eine Mutter oder ein Vater, so wie ich meine eigenen Kinder liebe.
Louise glaubt aber auch, dass Gott ihre Kinder für immer leiden lassen wird. Sie glaubt, dass sie in die Hölle kommen, weil sie nicht erlöst wurden. Sie hat alles in ihrer Macht Stehende getan, um zur Erlösung dieser Kinder beizutragen, aber ihnen ist das völlig egal. Sie haben ihren eigenen Glauben, oder gar keinen. Louise liegt im Sterben, und nach ihren Glaubensgrundsätzen wird sie ihre Kinder, wenn sie stirbt, nie mehr wiedersehen. Und nicht nur das, sie werden auch leiden. Das macht Gott zu einem Monster und das Elternsein monströs und ihre Liebe zu einer Lüge.
Aber das kann Louise nicht zugeben. Sie kann nicht zugeben, dass diese Überzeugung, das Fundament ihres Glaubens, sie bis ins Innerste erschüttert. Nur der Seelsorgerin gegenüber kann sie es aussprechen, wenn ihre Kinder nicht im Zimmer sind.
Wenn ich Louise wäre, ich wollte auch nicht sterben.
Im Gespräch mit Menschen wie ihr gab es immer wieder Momente, wo ich am liebsten gerufen hätte: »Das ist doch nur eine Interpretation unter vielen im Christentum! Es ist beileibe nicht die einzige und auch nicht die üblichste oder älteste Weise, wie man Erlösung verstehen kann! Es gibt durchaus noch andere Antworten auf diese Fragen!«
Das ist aber nicht die Aufgabe einer Seelsorgerin. Sie ist nicht dazu da, Menschen zu einer Änderung in

ihrem Glauben zu überreden, ihnen eine Lektion in Geschichte oder Theologie zu erteilen.
Aufgabe einer Hospizseelsorgerin ist es, Menschen zur Seite zu stehen, während sie herauszufinden versuchen, was sie eigentlich glauben, was ihnen Trost gibt, welchen Sinn ihr Leben hat und was Gott für sie bedeutet.
So lernte ich mir auf die Lippen zu beißen und zu fragen: »Wie hat er sich angefühlt? Der Tag, an dem Sie erlöst wurden?« Diese Frage zu stellen, hatte ich von einer anderen Patientin gelernt.

Eleanor war eine zierliche Frau, nur knapp über eins fünfzig groß und gerade mal fünfundvierzig Kilo schwer. Sie litt an Mastdarmkrebs im Endstadium, was für sie unangenehm und demütigend war. Von Natur aus war sie sehr gesellig und stolz, sie hatte gerne mit Männern geflirtet und sich mit ihren Freundinnen getroffen. Doch jetzt hatte sie so große Angst vor einem möglichen »Unfall«, dass sie sich immer in der Nähe einer Toilette aufhielt und sämtliche Mahlzeiten in ihrem Schlafzimmer in einer Einrichtung des betreuten Wohnens einnahm.
Dominiert wurde dieses Zimmer von einem Doppelbett mit geblümter Bettdecke, das sie von zu Hause mitgebracht hatte und das sie regelrecht zu verschlucken schien. Normalerweise saß sie jedoch in ihrem hellblauen Ruhesessel, neben sich eine durchsichtige Kunststoffkiste voller Garn, das sie wegen der Arthrose in ihren Fingern nicht mehr verstricken konnte. Die Jalousie am einzigen Fenster im Raum war immer heruntergelassen. War sie oben, konnte sie nicht fernsehen, denn allein aufzustehen schaffte sie nicht.

Eleanor hatte drei Ehemänner überlebt. Kinder hatte sie keine. Ihre Zehennägel verursachten ihr heftige Schmerzen, und ihr Gebiss klapperte in ihrem eingefallenen Mund. Sie war wütend darüber, dass sie noch lebte.

Bei der Arbeit im Hospiz lernt man, dass ein Mensch auch zu lange leben kann.

Als ich bei einem meiner Besuche ihr Zimmer betrat, machte sie eine wegwerfende Handbewegung, wandte sich ab und sagte verbittert: »Ich weiß, wer Sie sind, also sagen Sie Ihren Spruch und gehen Sie.« Dabei lächelte sie normalerweise, wenn ich anklopfte, bat mich, hereinzukommen und zu plaudern und bot mir ihr unangetastetes Mittagessen an.

Meistens sprach sie über ihre verstorbenen Ehemänner, ihre Schwester und die Schönheit ihrer Farm. Sie sei ihr Leben lang Southern Baptist gewesen, erzählte sie, sprach aber nicht über ihren Glauben oder ihr Seelenleben, und ihre Gemeinde erwähnte sie nur, um ihrem Ärger darüber Luft zu machen, dass niemand von dort zu Besuch kam. Im Gegensatz zu fast allen Baptisten, die ich kenne, hatte sie keine Lieblingsbibelstelle. Um ehrlich zu sein, wusste ich nie genau, ob meine Besuche ihr wirklich recht waren oder ob sie, wie wohlerzogene Frauen aus dem Süden es tun, meine Anwesenheit einfach nur höflich über sich ergehen ließ.

Doch eines Tages, mitten in einem Gespräch, erwähnte sie den Tag, an dem sie erlöst wurde.

Ich bat sie, mir mehr darüber zu erzählen.

»Worüber?«

»Was passierte, als Sie erlöst wurden. Wie fühlte es sich an? Woher wussten Sie, dass es passiert war?«

»Wenn ich die Augen schließe, kann ich es wieder spüren«, sagte sie. Ihr Körper, der sonst immer angespannt war – die Arme an den Schoß geheftet, die Beine zusammengepresst, auf ihrem Sitz vorgebeugt – entspannte sich in dem Ruhesessel. Das verzerrte Gesicht und die Stirnfalten glätteten sich. »Es war bei einem Erweckungstreffen. Eine Menge Menschen gingen im Zelt nach vorne und wurden erlöst. Ich hatte den Aufruf des Predigers schon häufig erlebt, aber nie den Drang verspürt, selbst nach vorne zu gehen. An diesem Tag schien es nicht anders zu sein. Doch dann. Dann. Im Grunde habe ich nie verstanden, was passierte, aber als ich aus diesem Zelt hinaustrat, waren die Blätter an den Bäumen plötzlich so grün. Ich weiß nicht, wieso ich dieses Grün nie bemerkt hatte. Es war, als wäre die ganze Welt in eine intensivere Farbe getaucht. Jeden Grashalm konnte ich sehen. Jeden Vogel singen hören. Jeden Sonnenstrahl auf meiner Haut spüren. Und genau in dem Moment wusste ich, dass Jesus mich liebt und für mich gestorben ist und dass ich erlöst bin, weil er mich so liebt. Ich wusste, er ist der Herr. Alles war so wunderbar, so lebendig. Die ganze Welt hatte sich verändert. Ich weiß nicht, wie ich sie vorher gesehen hatte. Alles hatte sich verändert, weil ich erlöst war. Vielleicht war ich aber auch erlöst, weil sich alles verändert hatte.«

Das wurde prompt zu meiner Lieblingsfrage an evangelikale Patienten: *Wie fühlte es sich an, damals an dem Tag, an dem Sie erlöst wurden?* Jeder einzelne von ihnen hatte ungefähr dieselbe Geschichte. Alles habe anders ausgesehen und anders geklungen, sogar die Luft habe sich anders angefühlt. Die Welt sei für sie neu gemacht worden. »Ich konnte gar nicht fassen, wie lebendig die Welt war. Und ich hatte es bis dahin nie gemerkt.« Sie fühlten sich wahrhaftig wiedergeboren, nicht nur in ihrem Glauben, sondern in der Welt selbst. Sie erlebten eine neue Schöpfung.

Allein die Bitte, sich an diesen Tag zu erinnern und ihn im Geist noch einmal zu erleben – die Augen zu schließen und zu sehen, was sie damals sahen, zu riechen, was sie damals rochen, zu hören, was sie damals hörten – konnte selbst den verzagtesten Patienten Freude bereiten.

Ich fragte sie dann, was ihnen die Erinnerung an diesen Tag über Gott sage. Manchmal führte das Nachdenken über diese Frage zu einem neuen Verständnis ihrer gegenwärtigen Situation. Manchmal machte es ihre gegenwärtigen spirituellen Fragen nur noch verwirrender.

Was sie aber immer in Erstaunen versetzte, war die Tatsache, dass sich die Veränderung nicht in der physischen Welt, sondern in ihrer Wahrnehmung davon vollzogen hatte. Das hatte genügt, um alles zu verändern. Und mich erstaunte immer wieder, dass eine so massive Veränderung in weniger als einer Sekunde passieren konnte. Das erschien mir wie ein Wunder.

Viele Jahre lang wünschte ich mir Veränderung. Gleichzeitig hasste ich die Veränderungen, die mir von dieser schicksalhaften Operation regelrecht aufgezwungen worden waren.

Ich wollte verändern, was passiert war, als mein erstes Kind auf eine so schlimme Weise zur Welt kam. Lange Zeit war ich davon überzeugt, dass ich mir diese entsetzliche Geburt selbst eingebrockt hatte, weil ich zu viel Eis gegessen hatte. Bei seiner Geburt war mein Sohn zehn Tage überfällig. Nachdem der errechnete Termin verstrichen war, fuhren mein Mann und ich jeden Abend zu einer kleinen Eisdiele auf dem Land, in der es hausgemachtes Eis gab. Ich liebte diese Fahrten in der Junidämmerung durchs kniehohe Getreide, im Zickzack auf die Berge zu, um uns herum die Glühwürmchen, die zu blinken begannen. Wenn ich die Augen schließe, schmecke ich noch das Eis, das in meinem Mund schmolz, während wir zusahen, wie die Arme und Beine unseres riesigen Babys meinen Bauch ausbeulten, wie eine Szene aus *Alien*. War es das Eis, das ihn hatte so groß werden lassen – so groß, dass er im Geburtskanal steckenblieb, was zu dem Kaiserschnitt, zur nachlassenden Wirkung der Periduralanästhesie, zu dem Ketamin, zu der Psychose führte? Hätte ich nur dieses Eis nicht gegessen, hätte ich das alles verhindern können? War ich einfach zu glücklich gewesen?

Im Kopf ging ich immer wieder jede Sekunde der Tage und Stunden vor seiner Geburt durch und versuchte zu verstehen, was ich hätte anders machen können, um all das zu verhindern, um die Angst und den Schrecken abzuwenden, die mir jeden wachen Moment durch Kopf und Körper fuhren, um diese verlorenen Jahre zurückzubekommen.

Ich wünschte mir so sehr die Chance, noch einmal die frischgebackene Mutter meines ersten Kindes zu sein, seinen Babygeruch einzuatmen, seinen Babykopf zu küssen und mich anschließend auch daran erinnern zu können.

Ich wünschte mir die Erinnerungen zurück, die ich an die posttraumatische Belastungsstörung und die Dissoziation verloren hatte. Die einzige Art, mit dieser überwältigenden Sehnsucht fertig zu werden, schien mir das beharrliche Grübeln darüber zu sein, was ich hätte anders machen können.

Wenn ich den Geschichten meiner evangelikalen Patienten über den Tag ihrer Erlösung lauschte, verstand ich intuitiv die Verbindung zwischen Veränderung und Erlösung. Wie es schien, war Veränderung das Einzige, was mich von meinem Leid erlösen konnte.

Auch Sarah, die ebenfalls in einer Einrichtung des betreuten Wohnens lebte, wünschte sich Veränderung. So wütend Eleanor war, so spröde und zurückhaltend war Sarah. Sie liebte den Rosenkranz, ein sich wiederholendes, meditatives Gebet, das oft zu einem Zustand tiefer Kontemplation führt, und wir sprachen immer mehrere Gesätze des Rosenkranzes zusammen. Bei unseren ersten Begegnungen sagte sie kaum etwas und sah mich nur flüchtig an, ehe sie den Blick auf den Springbrunnen im Garten unmittelbar vor ihrem Fenster richtete. Dennoch bat sie mich jedes Mal, wiederzukommen, also tat ich es. Im Verlauf mehrerer Besuche öffnete sie sich dann ein wenig.

Sarah beteiligte sich nie an den von der Einrichtung angebotenen Aktivitäten und blieb stattdessen den ganzen Tag in ihrem Zimmer. Das war natürlich ihr gutes Recht. Wir alle – das Hospizteam ebenso wie ihre Kinder – glaubten, dass das ihr expliziter Wunsch war. Bis ich eines Tages mit einer Kette aus dicken Perlen um den Hals bei ihr auftauchte.

»Was für eine schöne Halskette«, sagte sie schüchtern. Das Haus richtete im Speisesaal eine Mardi Gras-Party aus, und die Leiterin des Freizeitprogramms hatte mich im Vorbeigehen geschmückt.
»Ich wünschte, ich wäre hingegangen«, meinte sie.
Ich sprang von meinem Sitz auf, sagte ihr, die Party sei noch im Gange, und bot ihr an, sie durch den langen Korridor dorthin zu schieben.
»Oh nein«, sagte sie und schlug die Hände vors Gesicht. »Das könnte ich nicht. Ich wüsste gar nicht, was ich tun oder sagen sollte. Es wäre mir einfach nur peinlich. Oh nein. Nein, nein.«
Ich setzte mich wieder, fragte, ob sie sich ganz sicher sei. Ja, sie sei sich sicher. Sie sei einfach zu schüchtern, um hinzugehen, erklärte sie.
»Ich frage mich oft«, sagte sie zögerlich, »wie es wohl wäre, Freunde zu haben und zu Festen zu gehen und einfach dazuzugehören. Wie wohl mein Leben ausgesehen hätte, wenn ich nicht die ganze Zeit so schüchtern gewesen wäre.«
Im Verlauf der nächsten Besuche wurde ganz deutlich, dass Sarah keineswegs spröde und zurückhaltend war. Es war nicht ihre Entscheidung, gemeinsamen Aktivitäten fernzubleiben. Sie hätte sogar liebend gerne an den Bingo-Abenden und Bastelkursen teilgenommen und wünschte sich sehnlichst, bei Weihnachtsfeiern und Überraschungsfahrten mit dem Bus dabei zu sein. Sie fühlte sich einfach nur zu schüchtern dazu.
Manchmal sah sie, wie die quirlige Leiterin des Freizeitprogramms eine Schlange von Tänzerinnen und Tänzern den Gang entlang führte, und betete, dass sie vor ihrer Tür haltmachen und sie bitten möge, he-

rauszukommen und mitzumachen. Doch bis zu ihrem Zimmer kam die Schlange nie.
Sarah ließ immer ihre Tür weit offen und setzte sich direkt davor, denn sie hoffte, dass jemand vorbeiging und hallo sagte und sie vielleicht auf diese Weise Freunde würden. Doch dazu kam es nie.
Für diese Art von Interaktion lag Sarahs Zimmer an der denkbar ungünstigsten Stelle in der ganzen Einrichtung. Ihre Wohnung war die letzte am Ende eines sehr langen Korridors, der vom Hauptgemeinschaftsraum abging. Sie bekam also den ganzen Spaß mit, aber niemand ging je an ihrer Tür vorbei.
Als ich beim Treffen unseres Hospizteams von Sarahs misslicher Lage erzählte, heckten wir einen Plan aus. Wir würden mehrere Ehrenamtliche dazu bewegen, Sarah jede Woche zu besuchen. Sie würden zusammen zu verschiedenen Aktivitäten gehen, damit Sarah den anderen im Gemeinschaftsraum nicht ganz allein gegenübertreten musste. Die Sozialarbeiterin würde mit ihr an den kommunikativen Fähigkeiten arbeiten. Beth, die Fallmanagerin, würde sich dafür einsetzen, dass Sarah in eine neue Wohnung umzog, eine, die näher am Zentrum des Geschehens lag, wo sie das Gefühl haben konnte, dazuzugehören.
Sarahs Kinder unterstützten den Plan, und Sarah selbst war aufgeregt, sah den Veränderungen aber auch mit etwas Besorgnis entgegen. Die Besuche und gemeinsamen Aktivitäten – das war leicht zu bewerkstelligen. Der Umzug erwies sich allerdings als schwieriges Unterfangen. Sarah musste warten, bis eine zentral gelegene Wohnung frei wurde. Die Verwaltung der Einrichtung musste überzeugt werden, dass dies ein notwendiger

Umzug war. Nach zwei Monaten kam der Tag. Eine Wohnung, nur zwei Türen vom Speiseraum entfernt, genau im Zentrum des ganzen Trubels, war ihre.
Doch Sarah weigerte sich umzuziehen.
Ich besuchte sie ein paar Tage später und fragte, was passiert sei.
Die neue Wohnung hätte ihr zwar einen Platz mitten im Gebäude verschafft, so erklärte sie mir, hätte aber auch bedeutet, ihren Blick auf den Garten und den Springbrunnen aufzugeben. Der Garten, den sie den ganzen Winter über beobachtete, während sie im März auf den ersten Hauch von Grün wartete, und den ganzen Frühling über, wenn die Blumenzwiebeln aus dem Boden brachen und der Holzapfel in Rosa getaucht war, und den ganzen Sommer über, wenn die Rosen blühten, und den ganzen Herbst über, wenn das Laub des Hickorybaums außen am Gartenzaun die Farbe des Himmels in ein elektrisch anmutendes Gelb verwandelte. Den Springbrunnen hatte sie während der ganzen fünf Jahre, die sie nun hier war, jeden Tag betrachtet, während sie den Rosenkranz betete.
Sie wünschte sich eine Veränderung, würde dafür aber all das aufgeben müssen. Keine andere Wohnung in der Einrichtung hatte diesen Blick. Sarah stand vor einem Dilemma: die stille Kontemplation, die sie schon ihr ganzes Leben kannte, oder den Trubel und die Freundschaft, nach denen sie sich so lange gesehnt hatte.
Ob sie Angst vor Veränderung habe, fragte ich sie.
Sie blickte aus dem Fenster und spielte mit den Rosenkranzperlen in ihrem Schoß. Nein, das sei es nicht.
 Ein paar Tage, bevor Sarah die Wohnung hätte wechseln

sollen, sah sie ihre Mutter am Fußende ihres Bettes stehen. Sie hatte sie dort in der letzten Zeit häufig gesehen, doch diesmal stand neben ihr noch eine junge Frau, die sie nicht kannte. Die beiden hielten sich an der Hand. Sie lächelten Sarah zu und nickten. Sarah wusste nicht, was das bedeutete.

Am Tag vor dem geplanten Umzug war ihre Tochter gekommen, um ihr beim Packen zu helfen. Sie begannen, eins ihrer alten Fotoalben durchzublättern, und stießen auf ein sehr altes Foto.

»Da habe ich die fremde Frau erkannt. Es war meine leibliche Mutter.«

»Ihre leibliche Mutter?«

»Ja. Sie war bei meiner Geburt gestorben, sodass ich sie nie kennen gelernt habe. Mein Vater heiratete wieder, als ich zwei war, und meine Stiefmutter hat mich dann großgezogen. Sie war die einzige Mutter, die ich kannte. Aber ich habe ein Foto von meiner leiblichen Mutter im Hochzeitskleid. Als ich das Bild sah, wurde mir klar, dass die Fremde meine leibliche Mutter war.

Plötzlich begriff ich, dass ich seit meiner Geburt schüchtern gewesen war, jeden einzelnen Tag. Meine Eltern sagten mir, das sei in Ordnung und ich bräuchte mich nicht dafür zu schämen, dass ich nirgendwo hineinpasste und immer irgendwie eine Außenseiterin war. Dass sie mich genau so liebten, wie ich war.

Ich gehe gerne mit anderen zum Bingo, aber meinen Garten kann ich nicht aufgeben. So bin ich nun mal und so war ich schon immer. Das brauche ich nicht zu verändern.«

Sarah entschied sich gegen die Veränderung. Stattdessen ließ sie das Bedauern über ihr Wesen, das sie so lange mit sich herumgetragen hatte, los. Statt weiter an der Vorstellung von einem ganz anderen Leben festzuhalten, nahm sie das an, das sie hatte. Sie nahm kleine Veränderungen vor, die sie jetzt glücklich machten, aber ihre Vergangenheit konnte bleiben, wie sie war.

Ich hatte mich auf die Veränderung meiner Vergangenheit versteift, aber so läuft es natürlich nicht. Niemand kann in der Zeit zurückgehen, um zu ändern, was passiert ist, es sei denn, man ist Marty McFly oder Doctor Who, und selbst für sie ging es nicht immer gut aus. Man kann weder seine Vergangenheit noch sich selbst in der Vergangenheit verändern.

Nichts von dem, was passiert war, konnte ich ändern. Was ich ändern konnte, war meine Sicht darauf.

Die radikale, freudvolle, heilende Veränderung, die meine wiedergeborenen Patienten erlebt hatten, war keine Veränderung von Umständen oder vergangenen Erfahrungen. Es war eine Veränderung des Blickwinkels. Eine Veränderung der Erkenntnis dessen, wer sie wirklich waren – Menschen, die Gott so sehr liebte, dass sie erlöst wurden, aber nicht durch das, was sie taten, sondern einfach, weil es sie gab. Nicht die Welt war neugeboren, sondern die Sicht dieser Menschen darauf. Die Blätter waren immer grün gewesen; ihnen war nur nie aufgefallen, wie schön grün ist.

War es das Erspüren einer so lebendigen Welt, das sie zu der Erkenntnis brachte, dass sie geliebt wurden? Oder war es das Spüren, dass sie geliebt wurden, welches die Welt neu entstehen ließ? Es hatte immer etwas von Henne und Ei, wenn sie versuchten, dem Rätsel auf die Spur zu kommen.

Dennoch hatten die Erlösung und das radikale neue Verständnis meiner Patienten nicht verhindert, dass weiteres Leid in ihr Leben trat. Es verhinderte nicht Louises tiefe Glaubenskrise wegen der nicht erlösten und für sie auf ewig verlorenen Kinder. Es verhinderte nicht, dass Eleanor sich von all ihren Lieben einschließlich Gott verlassen fühlte, während sie allein von ihrem Sessel zur Toilette und wieder zurück humpelte, hundert Mal am Tag.

Fortwährende Veränderung ist, wie es scheint, eine lebenslange Notwendigkeit für uns alle, auch wenn wir bereits erlöst worden sind, auch wenn wir schon wissen, dass wir geliebt werden.

Da ich weder Theologin noch Predigerin oder Priesterin bin, kann ich mich zur Soteriologie – den christlichen Erlösungslehren – nicht äußern oder gar deren Feinheiten herauskitzeln. Ich weiß allerdings, dass der Knoten aus Veränderung, Erlösung und Liebe auf dieser menschlichen Ebene nicht zu entwirren ist.

Wer von seinen gegenwärtigen Leiden erlöst werden will, muss bereit sein, sich in der Gegenwart zu verändern und verändern zu lassen.

Diese Veränderung kann greifbar sein – eine Missbrauchsbeziehung beenden, wieder zur Schule gehen, innerhalb einer betreuten Wohnanlage ein paar Türen weiter ziehen.

Es kann aber auch eine Veränderung in der Wahrnehmung sein. Das ist sogar die schwierigere Veränderung. Eine Änderung der Sichtweise hin zu dem Wissen, dass man einfach genug ist, hin zu einer inneren Haltung, in der man trotz Einsamkeit, Schmerz, Krankheit, Verlust, Trauma und sogar Grausamkeit eine Welt sieht, die von Liebe erfüllt ist und in Schönheit badet – das ist wirklich schwer. Das erscheint unmöglich. Und doch passiert es, immer wieder und wieder, und wieder.

# LIEBE UND ANDERE REALE DINGE 9

Es war ganz unverkennbar die Medizinfrau, die in den Raum kam und ihre Taschen absetzte. Nicht, weil sie traditionelle Stammeskleidung getragen hätte. Sie hatte Khakis und ein Button-Down-Hemd an. Aber sie veränderte die Atmosphäre. Man musste sie einfach ansehen. Ihr Blick wanderte durch den Raum, hielt bei jeder von uns kurz inne. Eine andere, jüngere Frau mit noch mehr Taschen trat hinter ihr ein.

Ich lächelte Linda, meiner Patientin, zu. Sie lag auf einem halben Dutzend Kissen, die sie im Bett hochlagerten. Ihr kurzes Haar, ein stahlgrauer Bürstenschnitt, der durch eine glänzende, im Zickzack von einem Ohr über den Schädel zum anderen verlaufende erhabene Narbe zerteilt war, stand stachelig ab. Ihre enorm geschwollenen Hände umklammerten die weißen Krankenhauslaken. Ihre Augen waren riesig. Sie huschten von der Medizinfrau zu mir, zurück zu der Medizinfrau und dann wieder zu mir.

Lindas Lebensgefährtin Kathy schaltete den Fernseher aus, rappelte sich hoch und Barb, die Sozialarbeiterin, ging mit ausgestreckter Hand zu der Medizinfrau hinüber.

»Guten Tag! Wir sind so dankbar, dass Sie gekommen sind.«

Linda litt an einem bösartigen Hirntumor im Endstadium. Sie war fünfundfünfzig, hatte sich jeder erdenklichen Therapie unterzogen, aber keine konnte den aggressiven Tumor auf dem Weg durch ihr Gehirn aufhalten. Bei der Anmeldung im Hospiz hatte sie darum gebeten, einen Seelsorger zu sehen, und gesagt, es sei dringend.

Als ich Linda am nächsten Tag kennen lernte, lag sie lustlos im Bett, während Kathy vom Lehnstuhl aufsprang, mich in üppiger Körperlichkeit umarmte und mir für mein Kommen dankte. »Setzen Sie sich hierhin«, sagte sie und zog ein Handtuch von der Rückenlehne des Sessels. »Sie hat schon auf Sie gewartet.«

Kathy nahm einen Stapel Zeitschriften in die Hand. »Ich melde mich mal kurz bei der Schwester und lasse euch beide ein bisschen allein.«

»Nein!«, rief Linda mit krächzender Stimme, sich scheinbar selbst aus einer Trance reißend. Sie schaute zu Kathy: »Bitte bleib. Ich möchte, dass du da bleibst. Es gibt nichts, was ich vor dir nicht sagen könnte.«

Kathy hielt mitten in der Bewegung inne und sah mich an.

»Wenn Linda das möchte, ist es in Ordnung«, sagte ich.

Zunächst schien Kathy noch zu zögern, doch dann gewann sie ihre unerschütterliche Ruhe wieder und bat mich, in dem Lehnstuhl Platz zu nehmen.

Kathy stellte sich als Lindas Freundin vor.

»Sie ist meine beste Freundin«, korrigierte Linda in ihrem schleppenden, benommenen Tonfall. »Sie ist mein Alles.«

Kathy griff nach ihrer Hand und senkte dabei den Blick, um die Röte und das breite Lächeln zu verbergen, die sich über ihr Gesicht legten. »Warum erzählst du Kerry nicht, wieso du sie sprechen wolltest?«, half sie nach.

»Machst du das, bitte?«, sagte Linda.

Und wie so oft bei den beiden, bestritt Kathy die ganze Unterhaltung.

Sie erklärte, Linda sei Cherokee und brauche die Hilfe eines Medizinmanns oder einer Medizinfrau. Ein böser Geist habe sich an sie geheftet, und die einzige Möglichkeit, ihn loszuwerden, bestehe in einem besonderen Ritual, das nur ein solcher Schamane vollziehen könne. Ob ich helfen und einen solchen Menschen finden könne?
Zu den vielen Aufgaben einer Hospizseelsorgerin gehört es, Patienten und Angehörige mit den Geistlichen ihrer jeweiligen Religion zusammenzubringen. Wenn sie lange Zeit aktive Mitglieder einer Kirchengemeinde oder Synagoge waren, brauchen sie meine Hilfe nicht. Viele Menschen dagegen schon. Sie sind vielleicht als Katholiken aufgewachsen, waren aber seit Jahrzehnten nicht mehr in der Messe. Andere mögen sich vielleicht kulturell und ethnisch als Juden verstehen, haben aber seit ihrer Bar- oder Bat-Mizwa kein Gebet mehr gesprochen. Im Angesicht des Todes stellt sich der Wunsch nach den Gebeten und Ritualen der eigenen Jugend zuweilen mit Macht wieder ein, was bei dem Sterbenden oft Überraschung, kleinlaute Verlegenheit oder Verwirrung auslöst.
Ich besaß eine lange Liste der lokalen Geistlichen in allen Städten, für die ich zuständig war, und zwar in nahezu jeder erdenklichen religiösen Tradition. Einen Medizinmann gab es darunter nicht, und ich hatte keine Idee, wie ich einen finden sollte.
»Die Aufnahmeschwester meinte, Sie könnten uns helfen. Sie wären imstande, jemanden zu finden«, sagte Kathy. Sie saß an der Stuhlkante, hatte die Unterarme aufs Bett gelegt und beugte sich, die Stirn in Falten gelegt, ganz zu mir herüber. Ihre ansonsten fröhlich patente Art hatte einen Riss bekommen.

Linda hatte Kathy, während sie sprach, unverwandt angestarrt, doch jetzt drehte sich ihr Kopf zu mir. Sie fixierte mich mit großen Augen. Sehr langsam und sehr leise sagte sie: »Ich muss ihn loswerden, bevor ich sterbe. Er klebt an mir, seit ich ein kleines Mädchen war. Er ist böse, und er hat mir Böses widerfahren lassen. Seinetwegen habe ich so viel Schlimmes durchgemacht. Ich habe Angst davor, was mir passieren wird, wenn ich sterbe und ihn immer noch in mir habe.«

Ich versprach, es zu versuchen.

Ich glaubte nicht an Lindas bösen Geist. Ich glaube gar nicht an Dämonen oder Geistbesessenheit oder so etwas. Je besser ich Linda kennen lernte, desto weniger erschien mir ihr böser Geist als etwas wirklich Existierendes; vielmehr sah ich in ihm eine Metapher für ihren erlittenen Missbrauch und dessen lawinenartige Folgen. Ich war mir sicher, dass sie in ihrem Herzen tatsächlich Dunkelheit und Schmerz empfand, die aber für mein Empfinden durch Trauma und Depression bedingt waren. Das Ritual konnte also eine kathartische, eine reinigende Wirkung haben. Es konnte ihr die spürbare Erfahrung vermitteln, dass sie ihren Schmerz loslassen konnte. Aber ein realer böser Geist, ein von Linda getrenntes Wesen, das irgendwie ihre Seele in Besitz genommen oder sich an ihre Person geheftet hatte? Nein. Daran glaubte ich nicht.

Ich versuche immer, die Überzeugungen meiner Patienten zu verstehen und nachzuvollziehen. Normalerweise kann ich wirklich sehen, warum sie glauben, was sie glauben, und ich finde ihre Überzeugungen schön. Doch manchmal, wie in diesem Fall, kann ich ihnen das nicht ganz abnehmen.

Meine Aufgabe ist ja, dem Patienten bei der Erfüllung seiner spirituellen Bedürfnisse zu helfen, wie immer sie auch aussehen mögen. Auch wenn das hier bedeutete, jemanden zu finden, der einen bösen Geist austreibt.

Linda und Kathy hatten sich durch eine Online-Partnervermittlung kennen gelernt. Schon wenige Wochen später zog Linda vom anderen Ende des Landes zu Kathy. Sie waren glücklich. Zum ersten Mal in ihrem Leben, wie Linda sagte. Ein Jahr später wurde bei ihr ein aggressiver Hirntumor im Endstadium diagnostiziert. Kathy hatte sie, solange es ihr möglich war, zu Hause gepflegt, doch am Ende konnte sie es sich nicht mehr leisten, noch länger bei der Arbeit zu fehlen. Sie hatten niemanden, der sich um Linda hätte kümmern können, und für eine Hauspflegerin reichte ihr Geld nicht aus. Dass ihre Lebensgefährtin in ein Pflegeheim umziehen musste, hatte Kathy an den Rand der Verzweiflung gebracht. Doch hier waren sie nun.
Kathy verbrachte jede freie Minute mit Linda. Noch vor Sonnenaufgang kam sie morgens ins Heim, arbeitete dann als Grundschullehrerin und kam anschließend gleich wieder zurück. Um das kleine Zimmer wohnlicher zu machen, hatte sie Bilder und Poster aufgehängt, und zu Weihnachten stellte sie einen kleinen künstlichen Christbaum in die Ecke. Sie brachte Lindas Lieblingsspeisen mit und fürs Personal schachtelweise Donuts. Wenn sie da war, erledigte sie einen großen Teil der Pflege, indem sie Linda fütterte, badete und umbettete. Händchen haltend sahen sie zusammen fern, verbrachten aber auch viel Zeit damit, einander einfach nur anzuschauen.

War ich bei meinen Besuchen einmal mit Linda allein, beobachtete sie mich mit ihren großen Augen ganz genau. Sie sprach in einem rauen Flüsterton, sodass ich mich sehr nah ans Bett setzen und den Kopf zu ihr neigen musste. Sie sprach über ihre Hoffnung, dass wir eine Medizinfrau finden würden, mit deren Hilfe es ihr besser ginge.

Bemerkenswerterweise hörte ich von ihr nie ein Wort der Bitterkeit über ihre Diagnose, die von Missbrauch geprägte Kindheit, die gescheiterte Ehe oder die ihr fremd gewordenen Kinder. Zu diesen Themen erfuhr ich überhaupt nicht viel. Sie erwähnte sie nur kurz und indirekt, nannte kaum Einzelheiten, selbst wenn ich konkret danach fragte. Stattdessen sprach Linda darüber, wie es im Himmel sein würde, warum sie glaubte, einen an sie gehefteten Geist zu haben, woher er kam und wie er sich anfühlte und wie es wohl wäre, ihn los zu sein. Wir sprachen über Filme und Fernsehen und Musik. Sie erzählte mir, wie sehr sie Kathy liebte, wie sich ihr Leben seit ihrer ersten Begegnung verändert hatte und dass sie in ihrem ganzen Leben noch keiner so umsorgt hatte wie Kathy über all die Monate ihrer Krankheit hinweg. Sie verstand nicht, dass jemand sich so intensiv um sie kümmern konnte, wie Kathy es getan hatte.

Kathy war ein Wirbelwind, als Pflegekraft wie auch als Patientenfürsprecherin genau das, was jede Seelsorgerin sich für ihre Patienten wünschte. Als Linda ins Hospiz kam, hoffte Kathy noch, dass sich irgendwie etwas ändern und Linda nicht sterben würde. Selbst als Linda zusehends verfiel, machte sie sich noch über Cyberknife und interne Strahlentherapie kundig. Sie sagte es nie, aber ich bin mir sicher, dass sie hoffte, die Medizinfrau wäre imstande, nicht nur den bösen Geist, sondern auch den Krebs auszutreiben. Denn Kathy wünschte sich nichts sehnlicher als mehr Zeit mit Linda.

Vor Linda war Kathy fröhlich, tröstend und beherrscht. Wenn sie mich aber aus einer Abstellkammer in der Schule privat anrief, war sie kaum noch imstande, die Fassung zu wahren. Von Kathy erfuhr ich, wie Linda einmal mit bloßen Händen den Angriff eines Berglöwen abgewehrt und ein anderes Mal einem Mann das Leben gerettet hatte, indem sie ihn aus einem brennenden Auto zerrte und sich dabei selbst schwere Verbrennungen zuzog. Der Beweis dafür seien die über ihren ganzen Körper verteilten Narben. Als Linda schwächer und verwirrter wurde und tagsüber oft schlief, erzählte Kathy mir mehr von den bemerkenswerten Geschichten, die sie von Linda gehört hatte.

»Haben Sie je einen so erstaunlichen Menschen wie sie kennen gelernt?«, fragte sie mich einmal. »Eigentlich erscheint es einem ja unmöglich, dass ein einziger Mensch so viele verblüffende Dinge gemacht haben kann.«

Ich setzte meine Suche noch intensiver fort. In der Hoffnung auf einen Hinweis rief ich bei allen Stämmen in der Gegend an, außerdem bei Professoren für Anthropologie oder Religionswissenschaft an Universitäten. Ich durchkämmte eine Website nach der anderen. Offensichtlich gab es eine Menge Leute, die von der spirituellen Praxis der Indianer so inspiriert waren, dass sie sich nun selbst Schamanen nannten;

echte, traditionell ausgebildete indianische Medizinmänner und -frauen waren dagegen schwer zu finden. Eines Nachmittags, als ich Kathy auf den neuesten Stand meiner Aktivitäten brachte, schlug sie mir vor, mich an Wilma Mankiller, die berühmte Anführerin der Cherokee, zu wenden. »Ich glaube, wenn ihr klar wäre, dass ihre eigene Tochter Hilfe braucht, würde sie höchstpersönlich herkommen oder wenigstens jemand anderen schicken«, sagte sie außer sich.

»Wie meinen Sie das?«, fragte ich. Ich sah Linda an, die mit ihren großen, stillen Augen einfach nur meinen Blick erwiderte. Ihr Gesicht zeigte keinen Ausdruck.

»Hat Linda Ihnen das denn nicht erzählt?«, sagte Kathy. »Sie gehört nicht nur den Cherokee an. Sie ist sogar die Tochter von Wilma Mankiller. Wilma war jedoch gezwungen, sie nach der Geburt zur Adoption freizugeben, weil sie selbst noch im Teenageralter war. Linda, hast du ihr das nicht erzählt? Erzähl es ihr, Linda. Sag ihr, wer du wirklich bist.«

Linda und ich sahen einander an. Ich hob die Augenbrauen. Keine Antwort.

Eines Tages rief Barb, die Sozialarbeiterin, an. Sie hatte gute Nachrichten: Eine Medizinfrau, die auch Universitätsprofessorin war, hatte sich bereit erklärt, zu unserer Patientin zu kommen und ein Heilungsritual zu vollziehen, das Lindas bösen Geist freilassen würde. Sie lehnte jede Art von Vergütung ab, selbst eine Reisekostenerstattung. Sie würde am Freitag kommen.

Am nächsten Tag ging ich zu Linda, um zu sehen, was sie von dieser Entwicklung hielt. Bei meinem Eintreten döste sie. Als ich sie an der Schulter berührte, schlug sie die Augen auf und lächelte ihr bedächtiges Lächeln. Doch als ich den bevorstehenden Besuch erwähnte, biss sie sich auf die Lippe, und dicke Tränen begannen ihr die Wangen herabzulaufen. Sie umklammerte meine Hand.

»Was ist mit Ihnen?«, fragte ich.

»Ich habe Angst«, flüsterte sie.

»Wovor?«

»Davor. Ich weiß nicht, wie ich das anhalten soll«, sagte sie.

»Wollen Sie es wirklich machen, Linda?«, fragte ich sie. »Ist es das, was Sie wirklich wollen? Denn wenn Sie es nicht wollen, sagen Sie's einfach. Sie müssen das hier nicht tun.«

»Ich weiß nicht, was ich sonst machen soll«, sagte sie. »Ich muss.«

Und so fanden wir uns in diesem kleinen Zimmer wieder – Linda, Kathy, Barb und ich –, als die Medizinfrau eintraf.

Unter ihren Schlupflidern waren Lindas Augen plötzlich weit aufgerissen. Die Medizinfrau fragte sie nach ihrem vollen Namen und ihrem Geburtsort.

»Und zu welchem Clan gehören Sie?«, fragte sie.

Lindas Mund ging ein kleines bisschen auf, sie sagte jedoch nichts. Nach ein paar Sekunden beugte Kathy sich über sie und wiederholte die Frage.

Linda sah mich an, und ich nickte. Sie schwieg noch einen Moment. Dann leckte sie sich über die Lippen und flüsterte: »Eule.«

Nun schwieg die Medizinfrau für einen Augenblick.

»In der Cherokee Nation gibt es keinen Eulen-Clan«, sagte sie schließlich.

»Sie hat einen Hirntumor«, erklärte Kathy rasch. »Sie ist verwirrt und vergesslich. Ich kann jemanden rufen, der es herausfindet.«

»Nein, schon gut«, sagte die Medizinfrau langsam. Sie betrachtete Linda. »Jetzt muss ich alle bitten, den Raum zu verlassen.«

»Ich kann nicht hierbleiben?«, fragte Kathy.

»Nein, niemand kann hierbleiben. Nur die Patientin«, sagte sie. Sie und die Assistentin begannen, Federn, Flaschen und Rasseln aus der Reisetasche zu holen. »Stellen Sie sich vor die Tür und lassen Sie unter keinen Umständen jemanden herein.«

Als wir schon alle auf dem Weg nach draußen waren, rief Linda: »Kerry!«

Ich drehte mich um, lächelte ihr zu und nickte. »Alles wird gut«, sagte ich.

»Ich möchte, dass Kerry dableibt! Bitte!«, sagte Linda zu der Medizinfrau und zeigte dabei auf mich.

Die Medizinfrau kam zu mir herüber und musterte mich von Kopf bis Fuß, kritisch, aber nicht unfreundlich. »Gut«, sagte sie. »Aber Sie müssen stark sein. Können Sie das?«

»Ja«, sagte ich, ohne eine Ahnung zu haben, was sie damit meinte.

Die Assistentin schloss die Tür, und die beiden packten rasch fertig aus. »Sie müssen geschützt werden«, sagte die Medizinfrau zu mir. »Stellen Sie sich dorthin, bleiben Sie stark und sprechen Sie nicht.« Sie zeigte auf die andere Seite des Zimmers, weit von Linda entfernt. Tränen rannen Linda übers Gesicht, und sie sah aus wie ein gefangenes wildes Tier, das verzweifelt zu fliehen versucht, sich aber nicht bewegen kann. Ihr Blick huschte umher, ihr Körper zitterte. Da ich sie weder umarmen noch etwas sagen durfte und nicht wusste, was ich sonst hätte tun können, blickte ich nur in ihre großen Augen und versuchte, sie über die Entfernung hinweg meine Liebe spüren zu lassen. Nach all den Monaten, in denen ich Kathy und Linda näher kennen gelernt hatte, empfand ich nun tatsächlich eine große Zuneigung zu ihnen. So bedachte ich Linda mit demselben zarten Lächeln, mit dem ich mein eigenes verängstigtes Kind bedacht hätte, und bemühte mich mit aller Macht und all meiner Vorstellungskraft, sie mit meiner Liebe wie mit einer großen warmen Welle zu umfluten.

Die Medizinfrau hängte mir eine schwere Decke um die Schultern und sagte, ich solle mich fest darin einwickeln. Sie verbrannte Salbei und verwedelte ihn vor mir, während sie sang.

Dann wandte sie sich Linda zu und fing an. Linda sah immer verängstigter aus. Ich lächelte, nickte. Ich versuchte, die friedliche Präsenz zu verkörpern, über die sich die Frau aus dem Buchklub lustig gemacht hatte, denn etwas anderes fiel mir nicht ein. So hartnäckig wie noch nie bemühte ich mich, meine Patientin mit einer Hülle der Liebe zu umgeben.

Aber ich will ehrlich sein: Am Ende wurde mir langweilig. Das Ritual war sehr lang, und mir war unglaublich heiß. Der Schweiß rann mir über Gesicht und Rücken und tropfte an den Beinen hinunter in die Schuhe. Ich verstand nicht, was die Medizinfrau sang, denn es waren Worte in einer anderen Sprache. Ihre Bewegungen wiederholten sich ständig. Mein Verstand begann abzuschweifen. Nach einer Weile war ich nicht mehr mit einer Hülle aus Liebe, sondern mit einem Einkaufszettel beschäftigt.

Und dann bekam ich ganz plötzlich Angst. Mein Herz begann zu rasen, meine Brust fühlte sich an, als würde ich erdrückt, und alle Nervenenden in meinen Armen und Beinen luden sich elektrisch auf. Es war, als wäre eine Welle aus Angst und Verzweiflung hereingebrochen und durch und über mich gerauscht. Ich weiß, es mag hirnrissig klingen, eine Emotion so zu beschreiben, als hätte sie eine physische Flugbahn, aber diese hatte eine. Sie trat durch meine Füße ein und fuhr aus der rechten Schulter wieder hinaus und über mir weiter nach oben. Es fühlte sich so an, wie wenn man beim Verlassen des Meeres von einer Welle umgeworfen wird.

Das riss mich natürlich aus meiner Lethargie, und nachdem ich einmal tief durchgeatmet hatte, nahm ich den Versuch wieder auf, Linda Liebe und Rückenstärkung zu schicken. Das Singen ging noch ein paar Minuten weiter und hörte dann auf.

»Es ist geschafft«, sagte die Medizinfrau leise.

Linda sah verblüfft aus. »Ist er weg?«, fragte sie.

Die Medizinfrau drehte sich zu ihr um. »Ja, der Geist ist ganz weg. Er war mächtig und er war tief und stark mit Ihnen verbunden. Aber jetzt ist er weg.«

»Ich hab ihn sogar gesehen«, sagte ihre Assistentin. »Es war ein schwarzer Vogel, vielleicht ein Rabe oder eine Krähe. Er flog aus Linda hinaus auf den Fußboden, und dann schoss er da rauf.« Sie zeigte nach oben in die Zimmerecke. Die Ecke unmittelbar über meiner rechten Schulter. Ich bekam augenblicklich eine Gänsehaut und hatte das Gefühl, jeden Moment in Ohnmacht zu fallen.

Die Medizinfrau kam auf mich zu und zog mir die Decke von den Schultern. Ich war klitschnass geschwitzt, und die kühle Luft tat gut. Über eine Stunde war vergangen.
»Sie haben es gut gemacht. Sie waren sehr stark.«
Dann öffnete sie die Tür. Kathy stand dahinter und wartete.
»Hat es geklappt? Ist er weg?«
»Ja, er ist weg.«
»Wird es ihr jetzt besser gehen? Wird der Krebs …« Kathy verstummte.
»So funktioniert es nicht«, sagte die Medizinfrau. »Der Geist ist weg, aber die Krankheit bleibt.«
Kathy brach in Tränen aus und sank in den Sessel im Gang. Doch nach nur wenigen Sekunden stand sie wieder auf, streckte den Rücken, wischte sich die Tränen vom Gesicht und kam ins Zimmer marschiert.
»Ich freu mich so für dich, Liebes«, sagte sie zu Linda. »Du wirst dich bestimmt bald viel besser fuhlen.«
»Das tue ich jetzt schon«, sagte Linda langsam.

Im Laufe der folgenden zwei Wochen verschlechterte sich Lindas Gesundheitszustand stetig. Ob sie ihren Frieden gefunden hatte, konnte ich nicht sagen, denn sie war mir auch vorher nicht verzweifelt vorgekommen. Kathy rief mich weiterhin unter Schluchzen von der Arbeit an, aus der Abstellkammer.
Eines Tages meldete sich Barb bei mir. Ehe ich auch nur Hallo sagen konnte, kreischte sie schon los.
»Moment mal, Barb«, sagte ich. »Beruhigen Sie sich! Ich kann Sie gar nicht verstehen.«
»Sie lügt! Nichts davon ist wahr. Überhaupt nichts!«
»Wer?«, fragte ich.

»Linda! Sie hat alles erfunden. Nichts davon ist wahr!«, rief Barb.
Sie hatte schließlich Lindas nächste Angehörige ausfindig gemacht, die ihr fremd gewordene Tochter, die, wie sich herausstellte, keineswegs so fremd war. Sie behauptete, dass keine von Lindas Geschichten wahr sei und dass in ihren Adern nicht ein einziger Tropfen Cherokee-Blut, erst recht nicht das von Wilma Mankiller, fließe.
Barb war so richtig in Fahrt. »Diese Medizinfrau ist den ganzen Weg für nichts gekommen! Sie hat uns ihre Zeit für nichts gegeben! Das ist mir so peinlich! Linda hat uns an der Nase herumgeführt! Wie konnte sie uns alle so zum Narren halten? Sie ist eine Betrügerin!« Für einen kurzen Augenblick hielt sie inne. »Moment mal«, sagte sie zu mir. »Warum sind Sie nicht verärgert?«
Barb hatte recht. Ich war nicht verärgert über diese Neuigkeiten. Ja, nicht einmal überrascht. Schon lange hatte ich mich über Lindas Geschichten gewundert. Sie erschienen mir zu bemerkenswert, zu erstaunlich.
Und doch. Und doch.
Das, woran ich am meisten gezweifelt, woran ich nicht geglaubt und was ich einfach als unmöglich abgetan hatte – Lindas böser Geist –, war das einzige, wovon ich sicher wusste, dass es tatsächlich existierte. Ich hatte ihn selbst gespürt.
»Aber stört es Sie nicht, nicht zu wissen, was wahr ist?«, fragte Barb. »Woher wissen Sie überhaupt, was Sie noch glauben können?«

Barb hatte es nicht wissen können, aber diese beiden Fragen hatten mich damals schon viele Jahre verfolgt, seit meiner Psychose. Woher weiß man, was wirklich ist? Und woher weiß man, was man glauben soll?

Die Psychose reißt einem den festen Boden unter dem Verstand weg. Sie raubt einem die Fähigkeit, Reales von nicht Realem zu unterscheiden. Ich war während meiner Krankheit anfällig für dissoziative Blackouts, hatte Angst, an Krankenhäusern und Kirchen vorbeizufahren. Nach Jahren medikamentöser Behandlung und wöchentlicher Psychotherapie konnte ich inzwischen mühelos in beiden Institutionen ein und aus gehen und noch immer grübelte ich manchmal wie besessen über die erlebten Halluzinationen und Wahnvorstellungen nach. In welcher Hinsicht waren sie real? Was an ihnen konnte oder sollte ich glauben? Schließlich waren sie mir ja wirklich widerfahren. Ich hatte sie wirklich erlebt, auch wenn andere ihre Realität und ihre Wirkung auf mich abstritten. Die Fragen, woher man weiß, was wirklich ist, und woher man weiß, was man glauben soll, waren mir vertraut, und sie beunruhigten mich zutiefst.

Bei Kathy und Linda hingegen störte es mich nicht, dass ich nicht sicher wusste, was stimmte und was erfunden, was real und was nicht real war, und dass ich nicht unterscheiden konnte, welche Geschichten ich über sie glauben sollte. Mitten in dieser Wolke des Unwissens konnte ich nämlich etwas so Machtvolles, so Schönes, so Reales sehen: dass ihre Liebe eine verändernde Kraft besaß.

Wenn Sie, so wie ich, glauben, dass Gott Liebe ist und nicht ein alter Mann im Himmel, der Blitze auf ahnungslose Unschuldige schleudert, und dass diese Liebe die schöpferische Kraft des Universums ist – und das ist wahrlich kein geringes »wenn« –, dann werden Sie aufgrund der Tatsache, dass Sie erschaffen wurden, geliebt. Sie sind liebenswert, weil Gott Sie zuerst liebte.

Manche – vielleicht sogar die meisten – Menschen sehen sich selbst jedoch nicht so. Viel zu oft hat man uns angehalten, Gott nicht auf diese Weise zu sehen. Den meisten von uns wurde Gott in der Version des rachsüchtigen alten Mannes und nicht als kreative Kraft der Liebe nahegebracht, sodass wir vielleicht nie erfahren haben, dass wir liebenswert sind. Vielleicht haben wir es aber auch auf dem Weg durchs Leben mit seinen kleinen Dramen und großen Traumata einfach vergessen. Wenn Sie nicht wissen, dass Sie so, wie Sie sind, liebenswert sind, brauchen Sie jemanden, der es Ihnen zeigt. Ich glaube nicht, dass Kathy und Linda sich je für liebenswert hielten. Sie hatten beide eine schwierige Kindheit gehabt und waren als Erwachsene schrecklich einsam gewesen, bis sie einander begegneten.

»Ich kann einfach nicht glauben, dass so jemand – SO jemand – mich lieben könnte«, hatte Kathy voll Verwunderung in jedem Gespräch über Linda gesagt. »Ich verstehe es wirklich nicht. Ich verstehe nicht, wie ein so erstaunlicher Mensch jemanden wie mich lieben könnte.«

Einmal sagte sie: »Wenn ich mich nie wieder verliebe, wenn mich nie wieder jemand liebt, wird das für mich in Ordnung sein. Mir genügt für den Rest meines Lebens das Wissen, dass sie mich geliebt hat. Egal was passiert, mir wird es gut gehen, weil jemand wie Linda mich geliebt hat. Von dieser Erinnerung werde ich ewig zehren.«

Das Frappierende für mich war und ist, dass Kathy nicht sehen konnte, dass eigentlich sie die Erstaunliche war. Sie konnte ihre eigene Hingabe, ihre Geduld, ihre Fürsprache, ihre Kraft, ihre Leidenschaft nicht sehen. Sie konnte nicht sehen, wie liebenswert sie war, bis sie von Linda geliebt wurde.

Linda wurde in den Geschichten, die sie Kathy erzählte, zu dem Menschen, der sie in Wirklichkeit schon war – einem Menschen, der es verdiente, geliebt und bewundert zu werden. Dieser Mensch – diese großartige, erstaunliche, kraftvolle, wichtige Frau, die sie liebte – war genau die Person, an der Kathy erkennen konnte, wie liebenswert sie selbst in Wirklichkeit war.

Wenn Lindas Geschichten nicht der Wahrheit entsprachen, wie ihre Tochter behauptete, waren sie dann die Folge des Hirntumors? War sie delirant oder wahnhaft, oder sogar ein bisschen psychotisch? War Linda eine Hochstaplerin? Eine pathologische Lügnerin? Oder war es möglich, dass sie dieses überwältigende Gefühl von Angst und Schrecken, das ich während des Heilungsrituals verspürt hatte, die ganze Zeit, ihr ganzes Leben lang empfunden und sich deshalb eine Rolle zurechtgelegt hatte, die stark und mächtig genug war, dagegen anzukämpfen?

Ich billige Lügen ebenso wenig wie die kulturelle Aneignung einer Gruppe, die jahrhundertelang unterdrückt worden ist. Doch wenn Linda gelogen hat, möchte ich gerne verstehen, warum sie eine andere Rolle für sich geschaffen haben könnte.

Oder war am Ende doch alles wahr? Vielleicht hatte Linda ja die ganze Zeit die Wahrheit gesagt, ihre Tochter nur nie über ihre echte Identität und ihre Vergangenheit aufgeklärt. Bei meiner Arbeit hatte ich die Erfahrung gemacht, dass Menschen außergewöhnliche Geheimnisse vor ihren Kindern hüten, sei es, um sie vor dem Wissen um die eigenen erlebten Traumata zu bewahren, sei es, um sich selbst davor zu schützen, sie im Erzählen noch einmal zu durchleben. Konnte es sein, dass ihre Tochter das einfach nicht wusste? Ich weiß es nicht.

Was ich aber ganz sicher weiß: Ich habe Linda und Kathy geliebt. Während des Heilungsrituals habe ich gespürt, wie etwas Schreckliches durch mich hindurch fuhr. Die Medizinfrau war davon überzeugt, dass Linda das Ritual brauchte. Linda starb an einem Hirntumor. Kathy war bei ihr, als sie starb. Linda liebte Kathy. Kathy machte die Erfahrung, dass sie liebenswert war, weil sie von einem so bemerkenswerten Menschen geliebt wurde.

Inmitten der Unwissenheit geschah etwas Absolutes und Reales und Wahres. Zwei Frauen erfuhren nicht nur, dass sie lieben konnten, sondern, dass sie selbst der Liebe würdig waren.

## GEWÖHNLICHE ENGEL

10

»Stellen Sie sich vor«, sagte Anna, als sie mir die Haustür aufmachte. »Gestern habe ich in einem Teerfleck auf dem Parkplatz vor dem Supermarkt meinen Engel gesehen.«

»Ahh«, sagte ich. Immer wenn ich mich in einer Situation befinde, in der ich keinen Schimmer habe, wovon jemand redet, die Leute um mich herum mir aber signalisieren, dass ich ihn eigentlich haben sollte, gebe ich ein langgestrecktes, von Herzen kommendes, unverbindliches »*ahh*« von mir. Normalerweise kann man mit einem guten *ahh* genug Zeit schinden, um herauszufinden, was los ist, oder wenigstens, welche Fragen man stellen muss.

Anna nahm mir das *ahh* jedoch nicht ab.

»Sie wissen doch von meinem Engel, oder? Oder etwa nicht?«, fragte sie und packte mich am Ellbogen. Sie machte einen schockierten Eindruck.

Lächelnde, pastellfarbene Keramik-Engelfigürchen blickten aus allen Ecken des kleinen Wohnzimmers mit seinen vielen bequemen Sesseln auf uns herab. Überall an den Wänden hingen Bilder von Engeln, leuchtende Farbdrucke und Poster.

»Na ja, ich habe schon den Eindruck, dass Sie Engel wirklich mögen«, sagte ich. »Aber nein, ich glaube nicht, dass ich etwas über Ihren Engel weiß. Sie haben also einen speziellen Engel?«

»Oh.« Anna klang enttäuscht. »Ich dachte einfach, dass jeder es weiß.« Sie wandte den Blick ab.

»Vielleicht weiß ich es ja doch und hab's nur vergessen.

Das passiert mir manchmal. Sie müssen nur meinem Gedächtnis auf die Sprünge helfen.«

»Er ist nämlich hier in der Stadt bekannt. Die Zeitung hat sogar eine Geschichte über mich und meinen Engel gebracht.«

»Dann weiß ich es wahrscheinlich, aber es ist irgendwo in meinem Gehirn vergraben. Ich vergesse so viel. Meine Mutter sagte immer, wenn mein Kopf nicht festgeschraubt wäre, würde ich ihn irgendwo liegenlassen. Können Sie mir auf die Sprünge helfen?«

»Na gut. Warten Sie einen Moment.«

Eigentlich war ich gar nicht wegen Anna hier, sondern wegen ihrem Mann Eddie. Eddie sprach wenig. Er lächelte mir immer kurz zu, wenn ich hallo sagte, und beachtete mich dann nicht mehr, verfolgte aber jede Bewegung seiner Frau. Er betete sie an. Jetzt sah Eddie Anna zu, wie sie auf dem Sofa stand, um von einem mit weiteren Engeln vollgestopften Bücherregal ein Fotoalbum herunterzuholen.

Während Anna wieder herunterstieg, erklärte sie, sie habe einen Engel, den sie immer wieder sehe, mindestens einmal im Monat.

Eine der Freuden des Lebens als Seelsorgerin besteht in der Freiheit, Menschen Glauben zu schenken. Das Pflegepersonal muss da von Natur aus misstrauischer sein. Nimmt sie ihre Medikamente nach Vorschrift? Hält sie wirklich ihre Diät ein? Hat er tatsächlich das Rauchen aufgegeben? Bleibt er jetzt, wo seine Frau nicht mehr allein sein kann, wirklich den ganzen Tag zu Hause? Eine Seelsorgerin dagegen darf ihren Patienten einfach glauben. Sie kann – nein, *sollte* – die Geschichte der spirituellen Reise ihres Patienten ebenso glauben wie

seine Einschätzung dessen, was das alles bedeutet, egal wohin es führt.
Doch es kommt vor, dass ich das nicht tue. Dass ich es nicht kann und skeptisch bin. Und in diesem Fall war es sogar noch schlimmer: Ich fand Annas Glauben niedlich.
Natürlich sind Engel – wahre Engel, wie sie in der Bibel beschrieben werden – nicht niedlich. Sie sind nicht pastellfarben und nicht pausbäckig. Sie sehen nicht einmal engelhaft aus. Die Serafim haben vier Gesichter und sechs Flügel. Die Cherubim sind über fünf Meter groß und mit Augäpfeln bedeckt. Die Engel mit fließenden Gewändern, flatterndem Haar und goldenen Flügeln, die Engel, die Laute oder Harfe spielen – das sind nicht die Engel der Bibel. Das Buch der Offenbarung im Neuen Testament spricht zwar von Engeln, die Posaune blasen, doch sind diese Posaunenstöße das Signal für die Zerstörung der Welt. Nichts, was man auf eine Weihnachtskarte drucken würde.
Und doch.
Anna zog eine zusammengefaltete Zeitung aus dem Album und faltete sie auf, wendete dann sorgfältig die alten Blätter, bis sie innehielt und auf ein Foto deutete. Es zeigte den Hafen bei Sonnenuntergang. Und da, inmitten der golden und pinkfarben übers Wasser hinziehenden Wolken, sah ich das untrügliche Bild: einen Wolkenengel. Er flog auf dem Bauch. Ein langes Gewand umspielte seine Knöchel, die Arme waren nach vorne ausgestreckt und hielten eine Posaune an seine Lippen. Als käme er aus einem von Potpourri-Duft erfüllten Andenkenladen. Zwischen all den Statuen und Bildern im Wohnzimmer schien er sich zu Hause zu fühlen.

»Sehen Sie ihn?«, fragte sie.
»Ja, ganz ohne Frage, absolut«, sagte ich. »Er ist wunderschön.« Und das war mein Ernst. Aber ich glaubte nicht, dass das Bild etwas anderes war als eine bemerkenswerte Wolke.
Doch dann schlug sie das Album auf. Darin gab es auf zahllosen Hochglanzfotos Bilder genau desselben Engels. Sie hatte ihn in Wolken, Farbklecksen, in Schatten, in der Maserung von Holz und in Kaugummi, das unter einem Picknicktisch klebte, gesehen. Sie hatte Dutzende Fotos von ihm, wie er bäuchlings dahin flog und sich eine Posaune an die Lippen hielt. Das war wunderbar und erschreckend zugleich. Hätte ich es nicht Seite um Seite selbst gesehen, ich hätte es nicht geglaubt.
»Sehen Sie ihn hier? Und hier? Verstehen Sie jetzt, warum ich ihn ›meinen Engel‹ nenne?«

Viele Studien zeigen, dass das Gehirn des Menschen darauf ausgerichtet ist, in unbelebter Materie Gesichter und Muster zu erkennen. Das Phänomen hat sogar einen Namen: *Pareidolie*. Inzwischen weiß man, dass diese Prädisposition zum Überleben in menschlichen Gehirnen verdrahtet wurde. Ein Baby, das ein menschliches Gesicht erkennt, oder ein Jäger, der im Gras ein von einem Tier hinterlassenes Muster sieht, wird einen Vorteil haben gegenüber jemandem, der das nicht tut. Dieselbe natürliche Tendenz, überall um uns herum Gesichter und Muster zu suchen und zu sehen, inspiriert Menschen manchmal auch dazu, in einem Stück Toast die Jungfrau Maria oder in einer Bergflanke das Gesicht eines alten Mannes auszumachen.

Ich weiß nicht, ob Pareidolie eine ausreichende Erklärung für Annas Engelssichtungen ist. Aber ich weiß, dass Engel bei vielen Hospizpatienten beliebt sind. Während Anna sich mit ihren Engelssichtungen und ihrem dicken Fotoalbum zufriedenzugeben schien, ging Marjorie, auch eine Hospizpatientin, das Thema eher wissenschaftlich an. Für sie war die Engellehre, die sich in kitschigen Figurinen niederschlug, »Blödsinn«, sie hatte aber über viele Jahre hinweg alles studiert, was sie über Engel finden konnte. Dutzende von Büchern habe sie gelesen und schreibe gerade ihr eigenes Buch zu dem Thema, erklärte sie. Sie glaubte, dass jedem Menschen bei der Geburt ein Schutzengel zugewiesen wird. Diesen Engel könnte man kennen lernen, wenn man lernte, mit ihm zu kommunizieren. Der Engel könnte einem Führung und Rat geben.
»Wie kommunizieren Sie mit Ihrem Schutzengel?«, fragte ich.
Marjorie zog die Augenbrauen hoch und verschränkte die Arme vor der Brust. »Wie ich mit meinem Engel kommuniziere oder Sie mit Ihrem?«, fragte sie. Sie konnte immer direkt durch mich hindurchsehen.
»Beides.«
»Wie und worüber ich mit meinem Engel spreche, ist privat«, sagte sie steif. »Aber wenn Sie lernen möchten, mit Ihrem zu kommunizieren, würde ich vorschlagen, Sie fangen damit an, ihn nach seinem Namen zu fragen. Das gehört sich so.«
»Und er wird mir antworten?«
»Ja, natürlich. Auch das gehört sich so.«
Mir war nicht klar, ob ich, wie bei einem stillen Gebet, nur im Kopf mit meinem Engel reden oder ob ich laut

sprechen sollte. Doch meine Fragen schienen Marjorie leicht verärgert zu haben, sodass ich schwieg und mir weiter ihre Buchpläne anhörte.
Sobald ich nach meinem Besuch wieder draußen in meinem Auto war, setzte ich mich hinters Steuer und stellte mich meinem Schutzengel vor – laut, um auf Nummer sicher zu gehen. Ich fragte meinen Engel nach seinem beziehungsweise ihrem Namen. Dann wartete ich eine Minute. Nichts geschah.
Ich ließ den Motor an und machte mich auf den Weg zu meinem nächsten Patienten.

Ungefähr ein Jahr später meldeten meine Schwester und ich uns zu einem Reiki-Anfängerkurs an. Kennen gelernt hatte ich Reiki bei der Arbeit, wo mehrere Freiwillige einen Ein-Tages-Reiki-Marathon im Büro abhielten. Wer von den Angestellten wollte, konnte sich zu einer zwanzigminütigen Einführungssitzung anmelden. 1922 in Japan entwickelt, beruht Reiki auf der Vorstellung, dass es in der Welt eine heilende Energie gibt, die durch Handauflegung gelenkt und kanalisiert werden kann. Ich wusste nicht, wie es funktionierte, aber es gefiel mir. Ich fühlte mich ausgesprochen entspannt, als mir die Reiki-Anwenderin die Hände auf Kopf und Schultern legte.
In dem Anfängerkurs saßen wir auf Klappstühlen im Kreis. Die Ausbilderin bat uns alle, die Augen zu schließen, denn sie wollte eine geführte Meditation mit uns machen. Für eine gut geführte Meditation bin ich immer zu haben, selbst für die, die man auf CD aus der Bibliothek oder als Gratis-Download aufs Handy bekommen kann. Normalerweise wird man aufgefordert,

sich mit geschlossenen Augen an einen ruhigen Ort zu setzen und sich vorzustellen, man läge auf einer Wiese und blickte zu den Wolken auf oder bestiege einen Berg oder badete im Meer.
Diese Mediation begann ganz ähnlich. Wir sollten uns vorstellen, wir gingen zu Fuß durch den Wald und kämen zu einer Hütte auf einer Lichtung. »Macht die Tür auf«, ermunterte uns die Reiki-Lehrerin. Dann fragte sie: »Seht ihr irgendjemanden oder irgendetwas in der Hütte?«
Zu meiner Überraschung traf das bei mir zu. Dort stand mit der Rückenlehne zur Tür eine Couch und über die Kissen war eine karierte Decke geworfen. Von der Couch schien ein goldener Lichtschein aufzusteigen. Dieser Schein verdichtete sich und verwandelte sich in einen jungen Mann mit einem leuchtenden, glühenden Gesicht. Er war so schön, dass ich den Blick nicht von ihm abwenden konnte.
»Hallo«, sagte er in meinem Kopf.
»Hallo. Wer bist du?«, erwiderte ich, ebenfalls in meinem Kopf.
»Ich bin dein Schutzengel.«
»Das ist ja Wahnsinn! Wie schön, dass ich dich endlich kennenlerne!«
»Das ist ja Wahnsinn! Wie schön, dass du mich endlich kennenlernst! Ich bin nämlich schon die ganze Zeit hier!« Machte er sich über mich lustig? Ja, ich glaube schon. Aber das war mir egal. Dann fiel mir wieder ein, was Marjorie gesagt hatte. »Wie heißt du?«, fragte ich.
»David.«
Ich schlug die Augen auf.
Moment mal, dachte ich. Das denke ich mir jetzt alles

aus. Das ist einfach mein Unterbewusstes, das sich an das erinnert, was Marjorie mir vor vielen Monaten erzählt hat. Es ist überhaupt nicht real. Ich fantasiere nur.
»Nein, ich bin real«, sagte David sehr laut. »Ich bin wirklich real.«
Ich sah mich in dem Raum um. Alle anderen Kursteilnehmerinnen saßen ruhig und mit geschlossenen Augen da. Sie schienen nicht im Mindesten beunruhigt. Und irgendein Zeichen, dass sie Davids Stimme gehört hatten, war auch nicht zu sehen.
Rasch machte ich eine Bestandsaufnahme, um zu sehen, ob ich wieder verrückt wurde. Seit sieben Jahren machte ich das in solchen Situationen. Das ist eine Gewohnheit, die man entwickelt, wenn man einmal psychotisch war. Selbst nach so vielen Jahren neigte ich dazu, alles, was ich dachte und sah, infrage zu stellen, erst recht, wenn es auch nur ein bisschen aus dem Rahmen fiel. Das war anstrengend. Nach einem Achillessehnenabriss musste ich mal über Monate einen dieser klobigen Spezialstiefel zur Immobilisierung tragen. Nachdem ich ihn dann wieder abgelegt hatte, war ich in meinen Bewegungen noch monatelang zaghaft und nervös. Einfach zu gehen, war schon nervenaufreibend, denn ich traute meinem Fuß nicht. Und das hier fühlte sich im Kopf genauso an.
Das Letzte, was ich gebrauchen konnte, war der Gedanke, dass ich während einer geführten Meditation meinen Schutzengel kennen gelernt hatte.
Für den Rest des Kurses hielt ich die Augen geöffnet. David schien das nichts auszumachen. »Ich werde trotzdem hier sein«, verkündete seine Stimme in meinem Kopf.

Seitdem ist David gelegentlich in meinen Träumen aufgetaucht, jedes Mal mit einem Rat. »Niemand erwartet von dir, dass du dich durchs Schreiben ackerst, oder durchs Leben«, sagte er einmal. »Lass es doch einfach fliegen.« Ein anderes Mal: »Gott verlangt nie von dir, etwas zu tun, wofür er dir nicht auch die Fähigkeit gegeben hat.« Ich erwachte dann immer voller Erleichterung.

Zuweilen bemüht er sich auch um besonderen Feinsinn, den ich jedoch nie verstehe. Als ich einmal in einem Kung-Fu-Film-Traum mit einem Ninja fröhlich von Dach zu Dach hüpfte, bekam ich es plötzlich mit der Angst und weigerte mich zu springen. Der Ninja brüllte: »Hüpf einfach weiter!«, aber ich wurde sauer. Ich stampfte mit dem Fuß auf, erklärte das Ganze für lächerlich und wollte wissen, wohin wir überhaupt unterwegs waren. Der Ninja verwandelte sich in David. »Herrje, Kerry«, sagte er ungehalten. »Ich wollte dir nur zeigen, dass du nicht unbedingt genau wissen musst, wohin du gehst, um den Weg dorthin zu genießen.«

Einmal erschien er als ein ziemlich alter Mann, der in einem Traum-Fitnessstudio einen Zumba-Kurs gab. Er kam von der Bühne herunter und als er mir gegenüberstand, verwandelte sich sein Körper vor meinen Augen in funkelndes Gold. »Weißt du«, sagte er, »wenn du schwanger bist, wirst du nicht abnehmen.«

Obwohl ich damals keinerlei Anzeichen bemerkt hatte, erwachte ich in der Gewissheit, schwanger zu sein. Ein Schwangerschaftstest aus der Apotheke war positiv. Und ein paar Tage später zeigte eine Ultraschalluntersuchung, dass ich eine seltene Form der extrauterinen Schwangerschaft hatte, eine so-

genannte Zervikalschwangerschaft, bei der es ohne Diagnose und rechtzeitige Behandlung zu schweren Komplikationen und zum Tod der Mutter kommen kann. Hätte ich diesen Traum nicht gehabt, ich hätte den Ultraschall nicht machen lassen. Merkwürdig, dass ein Traum einem das Leben retten kann.
Also: Ist David wirklich mein Schutzengel? Ist er eine Ausgeburt meiner Fantasie, die aus meinen Träumen heraufbrodelt? Oder ist er eine Erscheinungsform meines Unterbewusstseins, mein *Animus*, wie der berühmte schweizerische Psychoanalytiker Carl Jung sie genannt hätte? Spielt das überhaupt eine Rolle?
Spielt es eine Rolle, ob Annas Engelsbilder Pareidolie waren oder ein realer Engel, der versuchte, ihr Trost und Kraft zu spenden? Das war es nämlich, was sie aus diesen Sichtungen gewann. »Mein Engel erscheint mir immer genau dann, wenn ich ihn brauche«, erklärte sie. »Immer wenn ich glaube, ich kann nicht mehr, taucht er auf. Immer, wenn ich glaube, ich ertrage es nicht länger, ist er da, und ich weiß, ich bin nicht allein. Ich weiß, dass Gott mich liebt.« Anna zweifelte nicht daran, dass ihr Engel real war, und es interessierte sie nicht, wie andere Leute darüber dachten. Sie wusste, dass der Trost und die Kraft und die Liebe, die er ihr brachte, ebenfalls real waren. Ist David real? Sind Engel real? Wer darf entscheiden, was real ist und was nicht? Was bedeutet dieses Wort überhaupt?

Während meiner Krankheit konnte ich an nichts anderes denken als an die Frage, was real war und was nicht. Waren meine ketamininduzierten Halluzinationen über Astralreisen real? Schließlich verwenden viele

Eingeborenenstämme psychotrope Substanzen, um Astralreisen auszulösen. Die Weisheit, die man während solcher Halluzinationen erlangt, wird nicht nur geschätzt, sondern sie soll sogar eine stärkere Realität besitzen als die, in der wir normalerweise leben. Die zweitausendjährige christliche Tradition hat mystische Visionen nicht nur für real, sondern für realer als diese Welt gehalten, in der wir nur ein unklares Bild wie in einem trüben Spiegel sehen. Was ich während meiner Halluzinationen für Gott gehalten hatte, beharrte darauf, als einziges real zu sein, und verwies die alltägliche »reale Welt« in den Bereich der Illusion. Jeder, der sich auch nur ansatzweise mit fernöstlichen Religionen befasst hat, ist mit dieser Vorstellung vertraut. Der Glaube an eine Realität jenseits der Realität, die wir täglich sehen und berühren, ist eine Grundvorstellung vieler Glaubenssysteme.

Dennoch sagte mir ausnahmslos jeder, mit dem ich über die Ketamin-Halluzinationen sprach, sie seien nicht real gewesen. Man könne hier nicht von einer echten religiösen Erfahrung sprechen. Das sei keine wirkliche Gottesbegegnung gewesen. Diese Halluzinationen hätten nichts Reales an sich und daher auch keinen Wert.

Während meiner Psychose war ich vollkommen überzeugt davon, dass das Baby, das ich im Bauch gehabt hatte, gestorben war, und ich trauerte, als hätte ich eine Fehlgeburt gehabt. Tatsächlich lag das Baby quicklebendig und lallend auf meinem Schoß, aber bei einer Psychose vermag auch ein pausbäckiger, lebendiger, atmender Säugling eine Wahnvorstellung nicht zu entkräften. Über Monate hinweg saß ich stundenlang schluchzend auf dem Sofa und betrauerte ein totes Baby. Doch obwohl der Schmerz brennend, lähmend, allumfassend war, erkannte niemand ihn als real an. Mit meinem heimlichen, verblendeten, unstillbaren Schmerz fühlte ich mich so allein wie noch nie zuvor.

Ein Jahr nach der Geburt meines Sohnes und rund sechs Monate nach Beginn meiner Behandlung mit Neuroleptika lud mich eine Freundin zu einem Mittagessen in etwas größerer Runde ein. Da ich von den anderen niemanden kannte, platzierte meine Freundin mich neben ihrer Schwester, einer Psychologin. Wir kamen ins Gespräch, und ich erzählte der Schwester, dass bei mir eine Wochenbettpsychose diagnostiziert worden war. Sie war sehr sympathisch und freundlich, bis ich erklärte, dass die Psychose von einem Medikament ausgelöst worden war.

»Ach so, dann haben Sie ja gar keine richtige postpartale Psychose. Meine Patientinnen mit einer echten Wochenbettpsychose leiden nämlich sehr. Aber Ihre ist nicht echt.«

Das war ein schrilleres Echo dessen, was so viele gute Freundinnen und Freunde mir antworteten, nachdem ich ihnen erzählt hatte, was ich während meiner Psychose gedacht, gesagt und getan hatte: »Das warst in Wirklichkeit nicht du.« Aber wenn ich es nicht war, wer war es dann? Wenn es nicht mein wahres Ich war, wo war mein wahres Ich dann hin?

Wenn einem die Fähigkeit, zu bestimmen, was real ist, von einem Medikament genommen wird, ist das schrecklich. Viel schlimmer ist es aber, wenn sie einem von anderen Leuten abgesprochen wird.

Im Lauf der Jahre, in denen ich mir persönliche Geschichten angehört habe, ist mir klar geworden, dass viele Menschen – vielleicht sogar die meisten – irgendwann einmal Dinge erleben, die ihr Gespür für das, was real oder möglich ist, auf die Probe stellen.

Drei Schwestern bitten ihre Mutter, ihnen, wenn sie tot ist, ein Zeichen zu geben, dass es ihr gut geht. Als die Frauen, Tausende Meilen voneinander entfernt, am Tag nach dem Tod ihrer Mutter den Briefkasten öffnen, fliegt aus jedem ein Schmetterling heraus.

Ein junger Mann erwacht nach einer Operation aus der Narkose und sieht den Hl. Gerhard neben sich sitzen. Er hat keine Verbindung zu dem Heiligen, ja bisher noch nicht einmal von ihm gehört. Es heißt, das sei eine Nachwirkung der Narkose, doch über die nächsten sechs Monate bis zu seinem Tod weicht der Hl. Gerhard, obwohl keine weiteren neurologischen oder psychiatrischen Komplikationen vorliegen, nicht mehr von seiner Seite.

An einem sonnigen Tag beten drei Pfingstlerinnen für den Ehemann von einer der Frauen. Gerade als das Gebet seinen Höhepunkt erreicht, lässt ein gewaltiger Donnerschlag die Fenster erzittern und die Ehefrau fällt in Ohnmacht. Am selben Abend berichtet der Wetteransager im Fernsehen gut gelaunt von einer ungewöhnlichen Wettererscheinung, einem »Blitz aus heiterem Himmel«.

All das widerfuhr Menschen, die ich kannte. Und wer in einem Hospiz arbeitet, könnte von ähnlichen Dingen

erzählen. Sie widerfahren vielen Menschen, ob wir sie nun annehmen oder uns weigern, über sie nachzudenken, ob sie uns Trost spenden oder Angst machen.
Sicher, die genannten Erfahrungen lassen sich mit reinem Zufall, medizinischen oder meteorologischen Zusammenhängen erklären. Doch die beteiligten Menschen sahen darin noch etwas anderes als Zufall.
Wenn wir eine Erfahrung als »nicht real« abtun, missachten wir in Wirklichkeit das Bemühen dieses Menschen, der Erfahrung einen Sinn zu verleihen. Das ist grausam. Der Versuch, Sinn zu finden oder zu verleihen, ist vielleicht die zentrale Aufgabe im geistigen Leben.
Die einzige Frage, die für mich während meiner Krankheit wirklich hilfreich gewesen wäre, hätte gelautet: »Was bedeutet die Erfahrung, die du unter Ketamin gemacht hast?« Das hat mich niemand gefragt. Da sie ja als nicht »real« abgetan wurde, war es auch nicht der Mühe wert, ihre Bedeutung zu erforschen.
Um wie viel hilfreicher und gütiger – und aufschlussreicher – es doch ist, nach der Bedeutung der Engel, der Schmetterlinge, des Donners und der Halluzination zu fragen.

Ellens Mann Tom machte mir die Tür auf und bat mich herein. Ihr Haus hatte jenen Geruch, der, wie ich finde, für die Häuser der Generation meiner Großeltern charakteristisch ist. Ich habe nie herausbekommen, was genau es ist. Ist es Haushaltsreiniger, Desinfektionsmittel oder »Ivory«-Seife? Ist es der Geruch von Jahrzehnten mit Rinderbraten, Kartoffelbrei und Buttermöhren, der in den Wänden hängt? Das Haus, in dem ich in den Siebziger- und Achtzigerjahren aufwuchs, hatte ihn nicht, ebenso wenig wie mein jetziges Haus, aber die Häuser beider Großeltern hatten ihn. Was macht diesen Geruch nach Wärme, Sauberkeit und Sicherheit aus? Für mich riecht er mehr nach Zuhause als meine eigenen vier Wände es tun.

Ellens Haus hatte also diesen wohligen Geruch, aber es trug auch den sehr speziellen Geruch der Krankheit in sich.

Tom erklärte, Ellen habe beim Erstgespräch ganz enthusiastisch nach dem Besuch eines Hospizseelsorgers verlangt, doch er frage sich, wozu so ein Besuch gut sein solle. Ellens Langzeitgedächtnis sei in Ordnung, fuhr er fort, aber sie habe kein Kurzzeitgedächtnis, nicht einmal für Gespräche, die sie vor fünf Minuten geführt habe. »Ich weiß wirklich nicht, was passiert, wenn Sie sich treffen, oder was ihr das bringen soll«, sagte er. »Sie wird Sie vergessen, kaum dass Sie zur Tur raus sind.«

Auf jeden Fall schien sich Ellen über meinen Besuch zu freuen. Ich fragte sie, wie sie so ihre Tage verbringe.

»Wissen Sie, was ich den ganzen Tag hier im Bett mache?«, sagte sie. »Ich versuche, liebevoll zu sein.«

Ich fragte sie, was sie damit meine.

»Säuglinge und Kinder überschütten wir mit so viel Liebe«, sagte sie. »Aber wenn sie größer werden, hört das auf. Niemand überschüttet Erwachsene mit Liebe. Ich glaube aber, wenn wir älter werden, brauchen wir *mehr* Liebe, nicht *weniger*. Das Leben wird schwieriger, nicht leichter, aber wir hören auf, uns so sehr zu lieben, gerade, wenn wir Liebe am meisten brauchen. Ich ...«

Für einen Moment versagte ihr die Stimme, doch sie

holte tief Luft und sprach weiter. »Ich brauche Liebe. Jetzt, wo ich so alt bin, brauche ich mehr Liebe.«
Außer Atem, lehnte sie sich zurück in ihre Kissen und schloss die Augen, um sie schon nach wenigen Sekunden wieder aufzuschlagen.
»Eines Tages wurde mir, während ich hier im Bett lag, bewusst, wie alt Gott ist. Er ist so alt. Und braucht bestimmt ganz viel Liebe. Die Menschen wollen immer so viel von ihm, aber ist auch jemand da, der ihn mit Liebe überschüttet? Deshalb dachte ich, das wäre doch etwas, das ich tun könnte. Und das mache ich nun den ganzen Tag: Ich versuche, Gott zu lieben. Ich liege hier und versuche, mein Herz vor so viel Liebe platzen zu lassen. Ich kann hier liegen und Gott lieben, und vielleicht wird es ihm helfen.« Sie stieß einen schweren Seufzer aus, und ihre Augenlider zuckten. Kuz darauf war sie eingeschlafen.
Einen Moment lang blieb ich still sitzen und dachte nach. Als ich dann aufstand, schlug Ellen erneut die Augen auf.
»Nanu, hallo!«, sagte sie mit einem breiten Lächeln.
»Es tut mir leid, Ellen«, sagte ich. »Ich wollte Sie nicht wecken.«
»Das macht nichts. Wer sind Sie? Sind Sie die Pflegerin? Brauchen Sie etwas?«
»Nein, ich, ich …« Es dauerte einen Augenblick, bis ich erkannte, dass sie keinerlei Erinnerung an unser Gespräch, an mich hatte.
»Ich bin sehr müde«, sagte sie entschuldigend.
Zum ersten und einzigen Mal in meiner gesamten beruflichen Laufbahn wusste ich ganz genau, was ich sagen musste.

»Nein, ich brauche nichts.« Ich neigte mich vor und legte ihr beide Hände auf die Wangen. »Ich bin nur vorbeigekommen, um Ihnen zu sagen, wie sehr ich Sie liebe. Und wie sehr Gott Sie liebt. Sie sind von der ganzen Liebe umgeben, die Sie brauchen.« Ich beugte mich hinunter und küsste sie auf die Stirn, legte ihr dann meine Wange auf den Kopf, so, wie ich es schon tausend Mal bei meinen Kindern gemacht hatte. »Ich liebe Sie.«

Ellen packte meine Handgelenke und drückte sie. »Ah! Diese Worte habe ich gebraucht. Woher wussten Sie das? Wer hat Sie hergeschickt? Woher wussten Sie, dass ich genau diese Worte brauchte? Woher wussten …«

Ihre Stimme verlor sich. Sie schloss die Augen und schlief wieder ein.

Die Engel in der Bibel sind zwar keine Laute spielenden Babys. Aber die meisten sind auch keine vielgesichtigen Serafim oder mit Augäpfeln bedeckte Cherubim. Die meisten Engel in der Bibel sind Boten. Wenn sie Menschen auf der Erde erscheinen, sehen sie aus wie normale junge Männer, nur dass sie Botschaften von göttlicher Liebe und Ermutigung dabeihaben.

Ich weiß nicht, ob Annas Engel »real« war, wie immer man diesen Begriff definiert. Oder ob David, so gesehen, »real« ist. Ich weiß nicht, welche Bedeutung Ellen einer fremden Frau beigemessen haben mag, die in ihrem Zimmer auftauchte, um ihr zu sagen, dass sie geliebt wird. Ich habe sie nicht mehr wiedergesehen. Wahrscheinlich erinnerte sie sich beim Aufwachen nicht mehr daran.

Ich bin kein Engel. Noch sage oder unterstelle ich, dass irgendein Mensch es ist. Aber vielleicht blieb die

Botschaft, die Ellen in die Welt hinaus sandte, die Botschaft, die durch mich wieder zu ihr zurückkam, am Ende bei ihr. Sicherlich ist es die einzige Botschaft, von der ich nach all diesen Jahren als Hospizseelsorgerin unumwunden sagen kann, dass sie real ist. Versuche, liebevoll zu sein. Es ist die einzige Botschaft, die einen Unterschied ausmacht, ganz egal, woher sie kommt.

# VORSTELLUNGSKRAFT UND LEID 11

Albert saß immer am selben Platz – auf einem Stuhl am Kopfende des Bettes, zwischen Ada und dem Fenster. Er war abwechselnd damit beschäftigt, ihr in die Augen zu sehen, ihr einen Löffel voll geschmolzenes Eis an die Lippen zu halten, ihre eingesunkenen Wangen zu tätscheln und aus dem Fenster zu starren. Ich saß ihm meistens gegenüber, auf der anderen Seite, seine immer noch schöne Frau zwischen uns.

Als ich sie das erste Mal sah, sprach Ada kein Wort, und ihre Muskeln waren so schmerzhaft zusammengezogen, dass ihre Finger sich einrollten und in die Haut ihrer Handflächen bohrten. Sie hatte sich seit Jahren nicht bewegt, außer, um sich noch fester zu einer Kugel zu verkrampfen. Und so war es ihr Ehemann Albert, den ich kennen lernte.

Bei jedem meiner Besuche erzählte Albert dieselbe Geschichte. Er erzählte sie x-mal. Jedes Mal auf genau dieselbe Weise, mit denselben Worten und denselben Gesten.

»Er liebte diese Truthahnfüße. Er fand sie so komisch. Als er so tat, als wäre er der Truthahn, mussten wir alle lachen. Er tat, als kratzte er mich mit ihnen. Dabei wurde er selbst gekratzt.«

Jedes Mal, wenn Albert die Geschichte erzählte, hielt er sich die Hände vors Gesicht, angespannt und mit krallenartig halb eingerollten Fingern, wie die Truthahnklauen, mit denen sein Sohn gespielt und seinen Vater in der Nacht, bevor er am Thanksgiving Day an Meningitis starb, immer wieder um den Tisch gejagt hatte. Damals war er vier Jahre alt gewesen. Wenn ich die Augen schließe, kann ich Albert vor mir sehen, wie er wieder und wieder dieselben Bewegungen macht.

»Noch ehe wir wussten, dass er krank war, bekam er hohes Fieber. Sie konnten nichts tun. Und das alles, weil wir ihn mit dem Truthahn hatten spielen lassen. Er hatte diese Truthähne so geliebt. Und immer über sie lachen müssen.«

Wie vor den Kopf geschlagen, starrte er mit offenem Mund ins Leere, um dann, wie jedes Mal am Ende seiner Geschichte, den Kopf zu schütteln.

Albert glaubte, der Junge sei krank geworden, weil er sich mit den Truthahnklauen gekratzt hatte, und keine Schwester und kein Doktor hatten ihn je davon abbringen können. Ein Truthahn, den er aufgezogen und den seine Frau ausgenommen hatte, der Truthahn, mit dessen Klauen sie ihren Sohn hatten spielen lassen, weil ihn das so zum Lachen brachte. Albert gab sich selbst die Schuld. Er hätte es besser wissen sollen.

»Was kann man machen? Was kann man machen? Was kann man machen?«, wiederholte er, während er seiner Frau die Wangen tätschelte. So endeten meine Besuche bei ihnen immer.

Wenn die Geschichte sich nie ändert – wenn jemand immer und immer wieder dieselbe Geschichte auf dieselbe Weise erzählt, werde ich als Seelsorgerin unruhig. Wenn meine Fragen keine neuen Antworten hervorrufen, wenn meine Gebete keinen Trost zu bringen scheinen, wenn es nie neue Verbindungen zu anderen Dingen gibt, die der Sprechende gesehen oder gelernt oder gedacht oder erfahren hat, wenn nie eine Reflexion über das Geschehene einsetzt, wenn der betreffende Mensch nicht einmal meine Anwesenheit wahrzunehmen scheint, während er die Geschichte wieder und wieder gleich erzählt – dann bedeutet das, dass die Geschichte feststeckt und das Leid sich im Stillstand befindet. Es bedeutet, dass der Verlust ohne Sinn ist. Und wenn dieser Verlust die Geschichte ist, die das eigene Leben bestimmt, kann das bedeuten, dass das Leben ohne Sinn ist.

Trauer hat ein Eigenleben – ein seltsam erscheinender Gedanke, der aber zutrifft. Trauer entwickelt sich und wächst, einem Organismus gleich. Manchmal macht sie eine rasche und erschreckende Metamorphose durch. Eine dumpfe Traurigkeit kann sich über Nacht in unbändige Wut verwandeln. Standhaftes Leugnen kann unversehens in Hyperventilation zerfallen. Manchmal verändert sich Trauer langsam, beinahe unmerklich, und die Veränderungen werden nur im Rückblick über zwanzig, dreißig Jahre sichtbar.

Man hofft jedoch immer, dass sie sich verändert. Wenn Trauer sich entwickelt und wächst, verändert sich auch das damit verbundene Leid. Es wird weniger akut, weniger roh und brennend. Ich weiß nicht, ob es abnimmt, aber irgendwie breitet es sich diffus über die Erinnerungen, die den Verlust in seiner Mitte umgeben. Dadurch erscheint das Leid weniger konzentriert und damit leichter zu ertragen.

Doch manches Leid scheint in der Zeit erstarrt zu sein, so wie bei Ada mit ihren zu Krallen verkrampften Fingern, die sich in ihre Hände bohrten, und bei Albert mit seinen zu Krallen verkrampften Fingern, die sich in die Luft gruben.

»Alle hassen Veränderung«, erklärte Rose, viele Jahre, nachdem ich Albert und Ada kennen gelernt hatte. »Niemand mag sie. Aber ich sage Ihnen die echte Wahrheit: Veränderung ist ein Geschenk Gottes. Wir sollten jeden Tag niederknien und ihm dafür danken, dass er alles so gemacht hat, dass es sich immer verändert. So sehe ich es jedenfalls.«

Ich hatte Rose gerade erzählt, dass ich nach South Carolina umziehen und sie daher nicht mehr besuchen würde. Es machte mich traurig, meine Freunde, meinen Job und mein Zuhause zu verlieren. Da hatte ich mit einer anderen Reaktion gerechnet.

»Alle denken nur an die Veränderungen der guten Dinge, da liegt das Problem«, fuhr Rose fort. »Wenn aber die guten Dinge sich nicht veränderten, würden es auch die schlechten nicht tun. Und Gott sei Dank verändern die sich, egal, wie schlecht sie sind. Wir würden ja verrückt, wenn sich nie etwas ändern würde.«

Dieser Junge im Krankenhaus, der wegen seiner Schuhe angeschossen worden und seitdem vom Hals abwärts gelähmt war – der Junge, vor dessen Qual ich davongelaufen und den noch einmal zu besuchen ich zu feige gewesen war – er hatte mich aus genau diesem Grund so überfordert. Ich hatte ihn und seine Zukunft vor Augen gehabt und keine Veränderung sehen können. Alles, was ich sah, war nicht endende Gleichförmigkeit. Er würde gelähmt bleiben. Seine unveränderlichen Worte, die er ständig wiederholte, machten es unmissverständlich klar.

Doch die geistige Lähmung lag bei mir. Ich schaute mir nur seinen körperlichen Zustand an. Ich zog nicht in Betracht, dass sein Geist und seine Seele ja nicht wie

sein Körper gelähmt waren, stellte mir nicht die unendlichen Möglichkeiten vor, wie jemand mit Tetraplegie ein glückliches und sinnerfülltes Leben führen könnte. Ich dachte nicht darüber nach, wie ich einen geschützten Raum schaffen könnte, in dem sein Geist und seine Seele beginnen könnten, die Grenzen ihrer gegenwärtigen Qual zu überschreiten.
Meine Vorstellungskraft ließ ihn im Stich.
Was Rose sagte, stimmt natürlich. Alles in dieser Welt verändert sich irgendwann, auch wenn wir es uns mitten im Leid manchmal nicht vorstellen können.

Wenn jemand einem die Geschichte seines Leidens erzählt, leidet er in irgendeiner Form wahrscheinlich noch immer. Niemand anderes hat zu entscheiden, was dieses Leiden bedeutet, oder ob es überhaupt eine Bedeutung hat. Und ganz sicher ist es nicht an uns, jemandem zu sagen, Gott gebe keinem Menschen mehr, als er verkraften könne, oder Gott habe einen Plan. Wir dürfen nicht das Leid eines anderen schmälern, indem wir ihm sagen, es habe doch einen höheren Sinn. Die Leidenden allein haben zu entscheiden, ob das stimmt. Wir können nichts anderes tun als bei ihnen zu sitzen und ihrer Geschichte zu lauschen, falls sie sie erzählen wollen. Falls nicht, können wir schweigend bei ihnen sitzen.
Wenn Menschen ihre Geschichten immer wieder erzählen, sie hin und her wälzen, versuchen sie, Sinn darin zu finden oder ihnen zu verleihen. Diesen Sinn müssen sie selbst entdecken. So schmerzhaft der Prozess auch sein mag, er ist nicht zu umgehen, weder mit den ausgefeiltesten Ideen noch mit den abgedroschensten Klischees.

Der Sinn, den ein anderer Mensch findet, entspricht so gut wie nie dem, der einem selbst einfällt. Er wird immer reicher, nuancierter, überraschender sein.

Ich hatte einmal eine Patientin, eine Frau Mitte vierzig, die unheilbar an Leukämie erkrankt war. Sie erzählte mir, wie sie gebetet hatte, sehr lang und sehr intensiv. Sie wünschte sich, dass es ihr wieder besser ginge und dass sie ihre Kinder wieder versorgen könnte. Ihre Kinder sollten nicht im Angesicht ihrer Schmerzen aufwachsen. Sie hatte gebetet und gebetet, war aber nur kränker geworden, und die Schmerzen wurden immer schlimmer, egal wie viel Morphin man ihr verabreichte. Nun rückte der Tod näher, es ging nur noch um Wochen. Sie würde sterben, und egal wie intensiv sie betete, daran würde sich nichts ändern. Sie hatte den Mut verloren.

Doch bei einem meiner Besuche erzählte sie mir mit Erstaunen, sie habe festgestellt, dass Gott ihre Gebete nun doch bald erhören werde. »Alles fiel ab«, sagte sie, »und mir wurde endlich klar, dass das Sterben die Antwort *ist*.«

Obwohl ich es normalerweise ganz gut schaffe, gegenüber Patienten eine ruhige Haltung zu bewahren, spürte ich, wie mir der Schock durchs Gesicht fuhr. Sie lächelte.

»Sehen Sie es nicht? Das Sterben ist es, das mir den Schmerz nehmen wird. Nur so wird der Schmerz aufhören, und nur so werden meine Kinder mich nicht mehr leiden sehen. Verstehen Sie, was ich meine? Die einzige Art, wie das Leiden aufhört, ist, dass ich sterbe. Und ich kann meinen Kindern vermitteln, wie man ohne Angst

stirbt. Das ist es, was sie von mir lernen werden. So werde ich ihre Mutter sein.« Sie hielt inne. Ich wusste nicht, was ich sagen sollte.
»Es gibt immer eine Lösung, das sehe ich jetzt«, sagte sie. »Ich hab's erst nur nicht verstanden. Es ist nicht die Lösung, die ich mir gewünscht hatte. Aber eine Lösung gibt es immer. Auch wenn es nicht die ist, mit der ich gerechnet hatte.«
Sie würde ihren Kindern vermitteln, wie man stirbt. Das waren der Sinn und der Zweck, die sie in ihrer Krankheit und ihrem Tod gefunden hatte.
Das sage ich manchmal zu meiner Tochter, die Dinge so tief empfindet. »Es gibt immer eine Lösung, mein Schatz. Du hast sie dir nur noch nicht ausgemalt.« Ich weiß nicht, warum ich das sage, denn es hat sie bisher noch nie getröstet.
»Das sagst du immer, aber in diesem Fall GIBT ES KEINE!«, erwidert sie. Vermutlich möchte ich, dass das irgendwo tief in ihr Unterbewusstsein einsickert, sodass eines Tages, wenn sie es mit etwas wirklich Schrecklichem zu tun hat, wenn ihr der Boden unter den Füßen weggezogen wird, irgendein Teil von ihr sich erinnert: dass es immer eine Lösung gibt, dass das Leiden nicht ewig währt, dass selbst in der aussichtslosesten Situation noch Sinn zu finden ist.
Ich verstehe aber auch ihre reflexartige Reaktion, ihre instinktive Ablehnung dieses Gedankens. Wenn man mitten im Leid steckt, kann man ihn nur schwer akzeptieren, ja vielleicht nicht einmal näher in Betracht ziehen. Das ist das Wesen des Leids – dem Leidenden wie dem Zeugen fällt es schwer, an Veränderung zu glauben.

Doch alles verändert sich.
Ich versuche nicht, den Tod zu glorifizieren, wirklich nicht. Ich gebe nur, so gut ich kann, die Geschichten meiner Patienten wieder, die Gedanken, die sie hatten, und die Erkenntnisse, zu denen sie gelangten. Mir darüber ein Urteil zu erlauben, steht mir nicht zu. Manche von ihnen sind seltsam, unbequem und sogar befremdlich, wenn man sie zum ersten Mal hört. Doch da ich das Privileg hatte, den Erkenntnissen von Sterbenden zu lauschen, kann ich sagen, dass sie manchmal auch auf radikale Weise befreiend und atemberaubend kreativ sind. Hospizpatienten finden Sinn an Stellen, wo mein geistiges Vorstellungsvermögen mich im Stich lässt, Sinn, der immer um so vieles erstaunlicher ist, als alles, was ich mir vorgestellt habe. Deshalb muss man die Menschen ihren eigenen Sinn finden lassen: Sie werden es immer weitaus besser machen als man selbst.

Doch manchmal – manchmal – ist einfach kein Sinn zu finden, kein Sinn zu verleihen. Manchmal ist in dieser Welt der Schmerz so groß, dass man ihn nur noch ertragen kann. Ein Leben lang, mit einer Geschichte, die sich nie ändert. Bisweilen sind da nur diese absurden Truthahnkrallen, die für immer die Luft kratzen.
In solchen Fällen kann man nichts anderes tun als zuhören. Manchmal, wenn ich übermüdet oder gerade von einem anderen Patienten mit einer schlimmen Geschichte gekommen war, oder wenn mir Alberts Geschichte an diesem Tag besonders zusetzte, konnte ich selbst die Tränen nicht zurückhalten, während Albert um seinen Sohn, der zu früh gestorben war, und um seine Frau, die zu lange gelebt hatte, weinte.

Dann versuchte ich, die Tränen verstohlen wegzuwischen und mich darauf zu besinnen, dass der kleine Junge, um den er weinte, nicht mein Kind und Albert nicht mein Großvater war. In der Regel funktionierte das, weil sein Kummer ihn so absorbierte. Ein Mal sah er mich jedoch an.

»O Gott, ich habe Sie zum Weinen gebracht.« Seine Stimme überschlug sich.

»Nein, nein, es ist schon gut«, antwortete ich.

»Danke, dass Sie um meinen Sohn weinen. Außer mir weint niemand mehr um ihn. Und wenn ich sterbe, wird nie wieder jemand um ihn weinen.«

Er hielt inne und seufzte tief, sodass alle Luft aus seinem Brustkorb entwich. »Und vielleicht wird das ein Segen sein. Denn dann sind wir endlich alle wieder beisammen. Dann muss ich nicht mehr weinen.«

# 12 STERBEN IST NUR EIN VERB

Wissen Sie, was ich eigentlich gerne mal machen würde?«, fragte mich Betsy, als ich sie den Gang hinunter schob. Sie war Mitte achtzig, verwitwet und lebte in einem Pflegeheim. Den Rollstuhl benutzte sie erst seit kurzem und sehr ungern. »Ich würde gerne rausgehen und den Wind noch mal an meiner Muschi spüren. Könnten Sie mir dabei behilflich sein?«

Ich bekam, mitten auf dem Gang, einen Lachanfall. Als ich mich wieder einigermaßen beruhigt hatte, sagte ich: »Ich glaube nicht, dass ich das darf. Ich könnte mir sogar eine Menge Ärger einhandeln, wenn ich Ihnen die Hose herunterziehen und Sie draußen halb nackt herumfahren würde.«

Sie seufzte. »Es ist eine Schande. Vermutlich, weil die, die hier das Sagen haben, alle Männer sind. Die haben doch keine Vorstellung, wie gut sich das anfühlt.«

Das machte mich nachdenklich: Hatte ich das je gespürt? Wusste ich, wie gut sich das anfühlt?

An diesem Abend gab es ein Treffen von Müttern in unserem Viertel. Ich brannte darauf, diese Geschichte zu erzählen, und, mal ehrlich, wem wäre das nicht so ergangen? Also fing ich nach ein paar Gläsern Wein an. Bis eine Frau mich unterbrach. »Mein Gott, Kerry«, sagte sie, »ich halte deine Geschichten über die Sterbenden nicht mehr aus! Hör auf! Das ist zu deprimierend!« Manche der Frauen lachten und pflichteten ihr bei.

Also verstummte ich betreten.

Zur Ehrenrettung dieser Frau muss ich allerdings sagen, dass sie höchstwahrscheinlich betrunken oder zumindest auf dem Weg dahin war. Und die anderen meinten es sicher nicht böse. Sie waren überwiegend nicht berufstätige Mütter mit sehr kleinen Kindern. Das war ich auch fünf Jahre lang, und ich weiß, wie schwierig, aufzehrend und anstrengend diese Arbeit ist. Hausfrau und Mutter zu sein, war emotional, mental und physisch um ein Vielfaches erschöpfender als die Tätigkeit einer Hospizseelsorgerin es je sein konnte. Diese Frauen brauchten einfach einen Abend, an dem sie viel lachen und sich frei von Verantwortung fühlen konnten. Vermutlich dachten sie, dass ich ihnen mit meinen Geschichten an einem ihrer wenigen freien Abende bestimmt den Spaß verderben würde.
Wie konnte ich ihnen vermitteln, dass es bei der Hospizarbeit zwar traurige Momente gibt, dass aber die glücklichen, angenehmen, langweiligen, friedlichen, frustrierenden, ermüdenden und, ja, die irrsinnig komischen Momente bei weitem überwiegen? Diese Frauen machten denselben Fehler wie die Leute, die mich mit gedämpfter Stimme und gerunzelter Stirn ganz im Ernst fragen: »Wie ist es denn, mit den Sterbenden zu arbeiten?« Beide Gruppen haben, wenn sie über »die Sterbenden« sprechen oder nachdenken, so etwas wie Exoten im Sinn. Beide Gruppen gehen davon aus, dass »die Sterbenden« sich von uns übrigen unterscheiden – als Menschen, die entweder besonders gefürchtet oder besonders hoch geschätzt werden müssen. Diese Vorstellung – dass jemand, der im Sterben liegt, ein magischer, weiser, besserer oder im Gegenteil ein furchterregender, unheimlicher, makabrer Mensch

ist – grassiert allgemein. Sie entspricht aber nicht der Wahrheit.
Sterbende sind einfach Menschen wie Sie und ich, sie verwandeln sich nicht plötzlich in jemand völlig anderen. Sie tun nur etwas, das wir noch nicht getan haben. *Sterben* ist ein Verb, genau wie *springen*, *essen* oder *lachen*. Es beschreibt, was Menschen tun, nicht, was sie sind.
Ich stelle es mir vor wie die Sache mit dem Sex. Wie war das damals, als wir noch Teenager waren, bevor wir zum ersten Mal Sex hatten? Das Geheimnis, die Faszination, die lächerlichen Gerüchte? Die Angst? Das Gefühl, dass irgendetwas in uns sich grundlegend ändern würde, wenn es endlich dazu käme?
Inzwischen ist es etwas, das wir tun, nicht etwas, das wir sind.
Glücklicher, gesunder Sex kann eine kraftvolle Erfahrung und Ausdrucksform dessen sein, wer man ist, er verändert einen aber nicht von Grund auf.
Ebenso wenig verändert einen das Sterben von Grund auf. Wenn man mit fünfunddreißig ein fröhlicher, lebenslustiger Typ mit Spaß am Sex im Freien war, wird man mit fünfundachtzig, selbst wenn man seine Hose nicht mehr alleine ausziehen kann, vermutlich immer noch so sein. Vielleicht ist man sogar noch witziger, weil man sich nicht mehr darum scheren muss, was andere über einen denken.
Wenn man in seinem Leben ein selbstsüchtiger Idiot war, stehen die Chancen gut, dass man auch als Sterbender ein selbstsüchtiger Idiot sein wird. Das Sterben macht einen nicht automatisch zu einem besseren Menschen. Wenn man nicht um Vergebung gebeten

oder irgendetwas unternommen hat, um gestörte Beziehungen wiederherzustellen, wird Versöhnung nicht wie durch Zauberhand über einen kommen, nur weil man auf der Schwelle zum Tod steht.

Ich arbeitete in einem Krankenhaus, als ich eines Nachts sehr spät zum Beten an ein Sterbebett gerufen wurde. Der Patient hatte einige Tage zuvor einen schweren Schlaganfall erlitten und war seitdem nicht mehr voll zu Bewusstsein gekommen. Die Krankenschwestern glaubten, dass er dem Tod nah war. Seine Frau, seine Kinder mit Ehepartnern und mehrere Enkel hatten sich um sein Bett versammelt. Er reagierte auf nichts und niemanden mehr. Ich sprach kurz mit seiner Frau, um zu erfahren, was sie sich von mir wünschte.

Sie wünschte sich ein Gebet. In solchen Situationen frage ich, was der Sterbende für ein Mensch ist – frage nach seiner Familie, seinem Glauben, seiner Geschichte, seiner Persönlichkeit – und bemühe mich, etwas davon in mein Gebet einzubeziehen, um es wenigstens ein bisschen persönlich zu machen.

In diesem Fall erzählten mir die Frau und die Kinder, was für ein treusorgender Vater der Mann in dem Bett war, wie gerne er mit seinen Kindern angeln ging und dass er keins ihrer Softballspiele, keinen Leichtathletikwettkampf und kein Schulkonzert versäumte. All diese Details ließ ich in mein Gebet einfließen, worauf wir ihn gemeinsam Gott empfahlen.

Danach sagten mir die Mutter und ihre Kinder, als wie schön und bedeutungsvoll sie mein Gebet empfunden hatten, und dankten mir überschwänglich.

Und ich will es nicht leugnen – das fühlte sich großartig an. Es schmeichelte mir.

Ich ließ die Familie am Totenbett zurück und ging, mit mir zufrieden, den schwach beleuchteten Gang hinunter. Ein Mann kam hinter mir hergerannt.
»Hey!«, rief er. Ich blieb stehen und wartete auf ihn, dann gingen wir zusammen zum Fahrstuhl. »Ich weiß, sie waren alle angetan von Ihrem Gebet, und Sie halten ihn wahrscheinlich für einen tollen Typen«, sagte er heiser. »Das war er aber nicht. Sie ist seine zweite Frau mit seinen zweiten Kindern. Ich bin eins von seinen ersten Kindern. Von denen überhaupt nur ich gekommen bin. Die anderen reden schon seit Jahren nicht mehr mit ihm. Ich wollte nur, dass Sie wissen, wer er wirklich ist.«
Um drei Uhr morgens stand er da im bräunlichen Licht des Krankenhausflurs, dann fuhr er fort. »Er war ein furchtbarer Mann. Er hat meine Mutter und uns verlassen, als wir Kinder noch ganz klein waren. Er und seine Geliebte, die Frau, die Sie da drinnen kennen gelernt haben, sind weit weggezogen und haben ein neues Leben begonnen. Neue Familie, neue Kinder, so als gäbe es uns gar nicht. Wir haben ihn nur zwei Mal im Jahr gesehen.
Wie kann man einfach seine Kinder verlassen und sie durch neue ersetzen? Klar, für sie war er bestimmt ein toller Vater. So wie für uns – bis er fortging. Er war ein beschissener Vater, und Ihr Gebet war daneben, völlig daneben. Er kotzt mich an. Die kotzen mich an. Und Sie kotzen mich auch an, Lady.«
Langsam gingen wir weiter den Gang entlang, an dessen Ende Lämpchen über den Fahrstühlen leuchteten. Mit einer heftigen Bewegung drückte er den Knopf mit dem Pfeil nach unten.

»Tut mir leid, wenn mein Gebet Sie verletzt hat«, sagte ich.
»Es hat mich nicht verletzt. Ich möchte nur, dass Sie die Wahrheit erfahren.«
»Es tut mir leid, dass Ihr Vater Sie verlassen hat.«
»Das muss Ihnen nicht leidtun. Er hat es getan, nicht Sie.«
Wir warteten.
»Tut mir leid, dass ich ›Sie kotzen mich an‹ gesagt habe«, fuhr er fort.
»Schon gut«, sagte ich. »Ich habe es ja vermasselt.«
»Stimmt«, sagte er.
Der Fahrstuhl kam und wir traten ein.
»Wissen Sie, was ich wollte?«, fragte er. »Ich wollte nur eine Entschuldigung. Ich wollte nur, dass er mich anschaut und sagt: ›Es tut mir leid.‹ Mehr nicht. Das hab ich nicht bekommen.«
Die Tür ging auf. Er ließ mir den Vortritt. Ich drehte mich zu ihm um und sagte: »Kann ich Ihnen einen Kaffee holen? Wir könnten noch einen Moment reden, wenn Sie möchten.«
»Nein. Was ich mir wünsche, gibt es hier nicht«, sagte er. Und trat aus dem Fahrstuhl, durchquerte die Lobby und verschwand in der Dunkelheit.

Die Sterbenden verwandeln sich nicht in besonders weise, geheimnisvolle und magische Menschen, und die Angehörigen, die sie pflegen, ebenso wenig.
Pflegende Angehörige sind nicht durchweg freundlicher, stärker, geduldiger oder liebevoller als wir anderen. Sie sind nicht außergewöhnlich und empfinden ihre Situation, allen gegenteiligen Behauptungen ih-

rer Mitmenschen zum Trotz, nicht als Segen Gottes. Jedenfalls habe ich das noch von keinem von ihnen gehört. Viele fühlten sich alleingelassen. Die meisten wollten diesen Job gar nicht haben – nicht, weil sie ihren Ehepartner, den Vater/die Mutter oder ihr Kind nicht hätten pflegen wollen, sondern weil sie erst gar nicht wollten, dass sie sterben.
Die gängige Meinung, dass pflegende Angehörige für die Sterbenden wie lebendige Heilige sind, hängt mit der Überzeugung zusammen, dass die Sterbenden anders sind als die übrigen Menschen. Und das sorgt für erheblichen Schaden.
Ein Mann, dessen Ehefrau schon über zehn Jahre mit Multipler Sklerose ans Bett gefesselt war, erzählte mir, dass er manchmal im Supermarkt oder in der Kirche Frauen treffe, die früher mit seiner Frau befreundet gewesen waren. Sie drückten ihm dann mit ernster Miene die Hände und versicherten ihm, dass sie für sie beteten.
»Von deinen verdammten Gebeten hat sie nichts!«, fuhr er einmal eine an. »Was sie braucht, ist ein Besuch von dir! Mach Gott nicht zum Sündenbock, nur weil du keine Lust hast zu kommen!«
Menschen, die sterbende Angehörige pflegen, verrichten eine – physisch, emotional, mental und spirituell – anstrengende Arbeit. Das tun sie mit genau der Kraft und Energie und den Bedürfnissen und Schwächen, die sie hatten, bevor alles zusammenbrach und ihr Leben durch eine tödliche Diagnose in der Familie auf den Kopf gestellt wurde. Zu behaupten, sie hätten übermenschliche Kräfte, führt nur allzu oft dazu, dass wir sie damit allein lassen. Ihnen wird so die Hilfe vorent-

halten, die sie brauchen, den Sterbenden das tröstliche Gefühl von Gemeinschaft und uns, ja richtig, uns eine Erkenntnis, die wir ganz dringend nötig haben: dass nichts – nicht einmal der Tod – ohne unser Zutun unsere Schwächen fortnimmt oder uns auf magische Weise in die verwandelt, die wir gerne sein wollen.

Jemand fragte mich einmal, ob ich fände, dass man seine letzten Worte im Voraus planen solle. Die kurze Antwort lautet: Nein. Welche letzten Worte man auch sagt, höchstwahrscheinlich wird man sich noch nicht einmal der Tatsache bewusst sein, dass es die letzten Worte sind. Diesen Hollywood-Tod, bei dem Menschen unmittelbar vor ihrem letzten Atemzug noch Geheimnisse oder Worte von großer Weisheit aushauchen, gibt es nicht. Die meisten Menschen verlieren entweder schon Tage vor ihrem Tod das Bewusstsein oder sterben zu plötzlich, um noch zu sprechen. Oder sie sind zu schwach oder verwirrt, um etwas Sinnvolles zu sagen, oder ihre letzten Worte sind Ausdruck der Überraschung wie »Schau mal!« oder »Du meine Güte!« Die längere Antwort lautet: Warum sollten Sie das tun? Wenn Sie Ihren Lieben etwas so Wichtiges zu sagen haben, dass Sie sich die Zeit nehmen, es vorauszuplanen, warum in aller Welt sprechen Sie dann nicht hier und jetzt über diese wichtige Sache?
Wenn Sie sich entschuldigen möchten, entschuldigen Sie sich jetzt. Wenn Sie jemandem sagen möchten, dass Sie stolz auf ihn sind, sagen Sie es ihm jetzt. Wenn Sie Ihre Liebe zum Ausdruck bringen möchten, rufen Sie an und sagen: »Ich liebe dich.« Wenn Sie um Vergebung bitten möchten, machen Sie es unverzüglich, solange

noch Zeit ist, die eigentliche Arbeit zu tun, nämlich Vergebung zu erbitten und auszusprechen und zu einer gewissen Versöhnung zu gelangen. Halten Sie es nicht zurück.

Solche Dinge mögen schwierig, ja beängstigend sein, aber zu sterben wird Sie nicht mutiger machen. Zu sterben macht nicht jemand anderen aus Ihnen. Wenn Sie die Kraft schon nicht beim Essen, Spazierengehen oder Staubsaugen finden können, erscheint es doch töricht zu denken, Sie könnten sie finden, während Sie einer völlig unbekannten Tätigkeit nachgehen.

Was nicht heißt, dass sich nicht in den letzten Monaten, Wochen und sogar Tagen des Lebens noch Wachstum und enorme Veränderungen vollziehen können. Das habe ich gesehen.

Ich habe aber auch die Arbeit gesehen, die solche Veränderungen erfordern. Es ist genau dieselbe Arbeit, die Veränderung einem gesunden Menschen abverlangt, einem, der nicht gerade lernt, etwas völlig Neues zu tun.

Falls es überhaupt einen großen Unterschied zwischen sterbenden Menschen und allen anderen gibt, ist es dieser: Sie wissen, dass ihre Zeit zu Ende geht. Sie haben mehr Motivation, bis zum letzten Atemzug die Dinge zu tun, die sie tun möchten, und der Mensch zu werden, der sie sein möchten. Dazu muss man aber nicht warten, bis man stirbt. Nichts hindert uns daran, uns mit genau derselben Dringlichkeit ans Werk zu machen, die die Sterbenden verspüren.

Falls Sie ein Mensch sein möchten, der weiß, wie sich der Wind auf seiner Haut anfühlt, wenn er nackt im

Freien steht, tun Sie es jetzt, solange Sie sich noch selbst die Hose herunterziehen können. Tun Sie es jetzt, damit Sie sich irgendwann an dieses Gefühl erinnern können.
Werden Sie, wer immer Sie sein möchten, solange Sie es noch genießen können. Schieben Sie die Anstrengung, die das kostet, nicht auf. Abzuwarten wird es nicht leichter machen, und die Zeit ist kurz.

# 13 ES IST EIN WUNDERBARES LEBEN, UND DANN GEHT MAN

Egal, wie Sie es anstellen, Millie darf nicht im Zimmer bleiben, wenn der Leichnam weggebracht wird«, flüsterte Peggy, die Hospizschwester. Sie sprach hinter einem Blatt Papier, damit die Familie nicht hörte, was sie sagte. »Das braucht sie nicht mitzubekommen.« Wir saßen zwischen Anthonys und Millies Verwandten auf dem Anbausofa, das sich rund um das Wohnzimmer zog. Anthonys Pflegebett mit seinem Leichnam stand in der Mitte, wo ihm vermutlich ein Couchtisch Platz gemacht hatte.

Anthony und Millie wohnten im obersten Stockwerk eines dieser Häuser im typisch neuenglischen Stil namens Dreidecker. Vor hundert Jahren für die Arbeiter und die Armen gebaut, bestehen Dreidecker aus drei aufeinander gestapelten identisch geschnittenen Wohnungen, die über eine schmale Wendeltreppe zu erreichen sind. Der Absatz vor der Wohnungstür war eine vollgestopfte, weniger als einen Meter breite Fläche.

Ich war gerade mit meinen Kindern und meinem Mann zum Abendessen mit anschließendem Eis bei Friendly's vorgefahren, als Peggy mich anrief. Einerseits war es mein Geburtstag, andererseits hatte ich in dieser Woche Bereitschaftsdienst. Anthony kannte ich noch nicht, aber er war jetzt in die letzte Sterbephase eingetreten, und die Familie wünschte sich ein Gebet.

Ich fuhr vom Restaurant aus direkt hin, doch als ich dort ankam, war Anthony bereits gestorben. Es musste gerade passiert sein, denn als ich in die dunkle Wohnung mit der niedrigen Decke trat, war Peggy noch dabei, ihn auf Atmung und Herzschlag abzuhören und nach seinem Puls zu suchen.

Es folgten die verschiedenen Untersuchungen, um seinen Tod festzustellen, und die Familie fing währenddessen an, Geschichten über Anthonys Leben zu erzählen. Er und Millie hatten sich schon als Teenager kennen gelernt. Sie waren über sechzig Jahre verheiratet gewesen und hatten die ganze Zeit in dieser Wohnung gelebt und fünf Kinder großgezogen. Nachdem Peggy Anthonys Körper fertig untersucht und das Laken bis zu seiner Brust hochgezogen, dort nach unten umgeschlagen und wie bei einem kleinen Kind seitlich festgesteckt hatte, setzte auch sie sich zu uns, und wir warteten gemeinsam auf die Leute vom Bestattungshaus.

Genau in dem Moment, als diese düster wirkenden Männer in schlabbrigen schwarzen Anzügen an die Tür klopften, flüsterte Peggy mir ihr Anliegen zu.

Die Familie, Peggy, die Männer vom Beerdigungsinstitut und ich versammelten uns im Wohnzimmer um Anthonys Leichnam und sprachen ein Gebet. Dann umarmte Peggy Millie, verabschiedete sich und ging. Die weiblichen Verwandten begaben sich in die Küche, um die Töpfe zu spülen und das unangetastete Abendessen, das sie ein paar Stunden zuvor mitgebracht hatten, wegzuräumen. Die männlichen Angehörigen gingen, ebenso wie die Mitarbeiter des Beerdigungsinstituts, nach draußen.

So blieben nur Millie und ich und Anthony im Wohnzimmer zurück.

»Wollen wir nicht in die Küche gehen?«, fragte ich Millie.

»Nein«, sagte sie. »Ich will Anthony nicht allein lassen.«
Die Bestatter kamen mit einer Bahre auf Rollen und einem Leichensack wieder herauf.
Viele Leute sind sehr dünn, wenn sie sterben; Anthony war von Natur aus korpulent gewesen und jetzt stark aufgeschwemmt. Die Männer stellten die Bahre neben sein Bett, falteten darauf den Sack auseinander und öffneten ihn. Unter den Leichnam schoben sie ein Brett. Auf drei hievten sie das Brett auf den Leichensack, wo es mit einem dumpfen Schlag aufkam.
»Wollen wir nicht runtergehen und ein bisschen frische Luft schnappen?«, fragte ich Millie.
»Nein«, antwortete sie, den Blick weiterhin starr auf ihren Mann gerichtet.
Sorgsam schoben die Bestatter Anthonys Gliedmaßen in den Leichensack und zogen dessen Reißverschluss zu. Dann befestigten sie den Leichnam mithilfe von vier Riemen an der Bahre.
»Wollen wir uns nicht ins Schlafzimmer setzen, während die Männer Anthony hier für die Fahrt zum Beerdigungsinstitut fertigmachen?«
»Nein.«
Die beiden Männer sahen mich mit bedenklicher Miene an. Dabei schüttelte der Eine kaum merklich den Kopf, während der Andere den Blick von Millie zur Küchentür, zurück zu ihr und wieder zur Tür schnellen ließ.
»Millie, ich glaube, wir sollten jetzt wirklich aus dem Zimmer gehen. Die Männer hier werden gut auf Anthony aufpassen, und ich glaube, es wäre traurig, ihn so das Haus verlassen zu sehen«, sagte ich.

»Ich möchte hierbleiben.«

Ein Ausdruck der Panik huschte über das Gesicht des Jüngeren. »Wir passen gut auf ihn auf, Ma'am«, sagte sein älterer Kollege.

»Schön. Aber ich werde ihn hinausbegleiten.«

»Das wird nicht einfach sein, Millie«, sagte ich.

»Das ist mir klar«, erwiderte sie.

Mit leicht verzogener Miene und zusammengepressten Lippen sahen die beiden Männer sich an. Dann rollten sie die Bahre zur Tür.

Anthonys Leichnam war nicht, wie es zunächst den Anschein gehabt hatte, auf der Bahre festgeschnallt worden. Stattdessen waren die Riemen nur um den Leichensack festgezogen. Sie fixierten Anthony auf dem Brett in dem Sack. Auf dem Treppenabsatz hoben die Männer, jeder an einem Ende, das Brett von der Bahre. Dann neigten sie es langsam, bis es in ganz aufrechter Position war, so als stünde Anthony in seinem Leichensack auf. Sein Kopf kippte nach vorne und bildete eine Beule im Nylongewebe.

Tote Körper sind immer schwer – Totgewicht – und Anthonys war besonders schwer. Auch wenn sie das zu verbergen suchten: Die beiden Männer vom Bestattungshaus hatten zu kämpfen. Sie rangen nach Luft und riefen sich unter kaum kontrolliertem Stöhnen Richtungsanweisungen zu, während sie, ein Mann vorne, dem Leichnam zugewandt, als würden sie tanzen, und der andere hinten, das aufrecht stehende Brett kippten und drehten, um Anthony und sich selbst durch die niedrige Türöffnung und auf den Treppenabsatz zu bugsieren.

Ich stand neben Millie, während sie ihnen zusah. Als die beiden sich auf den Weg die Treppe hinunter machten, gelang es ihnen, den Leichnam ihres Ehemannes wieder in die Horizontale zu bringen. Doch noch bevor der Träger oben außer Sicht war, rief der untere ihm zu, er solle das Brett wieder senkrecht und nach rechts kippen, damit sie um die erste der vielen Treppenwindungen herum kämen.

Immer wieder hörten wir ein Stoßen und Schrammen, und die Männer stöhnten und riefen einander mit allem Taktgefühl, dessen sie fähig waren, *Halt ihn hoch!* oder *Moment!* zu, bis sie das Ende der drei Treppenfluchten erreicht hatten. Einmal hörten wir es donnern und poltern, was darauf hindeutete, dass einem oder beiden das Brett ganz aus den Händen gerutscht war.

Ich zuckte innerlich zusammen und rang nach den richtigen Worten. Bevor mir aber etwas einfiel, seufzte Millie und ergriff meine Hand. »Es ist gut«, sagte sie, den Blick noch immer unverwandt auf die Tür gerichtet, durch die ihr Mann gerade zum letzten Mal die Wohnung verlassen hatte.

Als wir schließlich unten die Haustür zuschlagen hörten, ging Millie hinüber ans Fenster und sah zu, wie sie Anthonys Körper hinten in den Leichenwagen schoben. »Es ist ein wunderbares Leben, und dann geht man«, sagte sie. Ich weiß nicht, ob sie mit ihrem Mann, mit mir oder mit sich selbst sprach. Vielleicht sprach sie mit Gott. Rosafarbene Kirschblütenblätter von dem verkümmerten Baum auf dem Mittelstreifen zwischen Gehsteig und Straße wirbelten um die drei Männer herum. Mit hängenden Schultern drehte sie sich zu mir herum und breitete die Hände weit aus.



»Und jetzt?«

Ich habe Menschen – meist in dem Bestreben, andere zu trösten oder zu motivieren, manchmal aber auch, um ihren eigenen Kummer zu unterdrücken – sagen hören, dass Verlust, Tragik, Trauma einen nicht definieren.

Was natürlich völliger Blödsinn ist.

Wer schon einmal einen großen Verlust erlitten oder ein fürchterliches Trauma erlebt hat, weiß, wie stark diese Erfahrung einen prägt. Wenn es eine Wahrheit gibt, die sich durch die Geschichten all meiner Patienten hindurchzieht, dann ist es diese. Ganz am Ende ihres Lebens definierten sie sich selbst über die Geschichten, die zu erzählen sie beschlossen hatten und die von den schwierigen Dingen auf ihrem Lebensweg handelten.

Doch während ich zusah, wie sich ihre Geschichten entwickelten – wie sie über diese Verluste nachdachten, sie neu bewerteten und neue Verbindungen zwischen ihnen und anderen Ereignissen in ihrem Leben herstellten –, wurde mir klar, dass, wenn diese schwierigen Dinge uns definieren, es ebenso zutrifft, dass jeder von uns entscheiden darf, wie genau sie uns prägen. Wir dürfen entscheiden, wie die Definition lautet. Wir dürfen entscheiden, was sie bedeutet.

Ist Ihr Leben von Bedauern oder von Hoffnung geprägt? Muss es überhaupt das eine oder das andere sein? Ist Ihr Körper ein Ort des Traumas oder ein Quell der Freude? Kann er beides gleichzeitig sein? Können Sie inmitten von Schmerzen, Wut und Angst noch Güte gegen sich selbst und andere empfinden? Gibt es in all den Fassaden und Rollen, die wir uns schaffen, oder in den Geheimnissen, denen wir begegnen, irgendetwas

Reales? Kann das Leben wunderbar und niederschmetternd zugleich sein?
Während der Einweisung in meine erste Stelle im Hospiz riet mir die für mich zuständige Seelsorgerin, in meinen Besuchsnotizen auch all die schönen Dinge festzuhalten, die Patienten sagten, und wenn es nur ein Satz war. Auch wenn nie jemand diese Notizen läse (und das hat vermutlich so gut wie niemand getan), würden die Hoffnungen, Ideen und Gedanken der Patienten dennoch weiter existieren und wären nicht verloren, erklärte sie.
Als ich mich also am nächsten Tag hinsetzte, um den Besuch des vorangegangenen Abends zu dokumentieren, fing ich an aufzuschreiben, was Millie gesagt hatte. *Es ist ein wunderbares Leben, und ...*
Ich legte den Stift hin. Das konnte nicht stimmen, angesichts der fürchterlichen Art und Weise, wie die Bestatter den Leichnam ihres geliebten Mannes hatten abtransportieren müssen. Sicher hatte sie gesagt: »Es ist ein wunderbares Leben, *aber* dann geht man«, dachte ich, strich das Wort »und« durch und vollendete das Zitat.
Dann schaute ich es mir noch einmal an. Nein, nein. Nein, das stimmte auch nicht. Ich erinnerte mich nämlich genau an das »und«, weil es mich schon in dem Moment verblüfft hatte. Und doch kam es mir am nächsten Tag unmöglich vor.
Normalerweise mache ich mir gleich nach Ende des Besuchs ein paar Notizen, aber die Zeit hatte ich an dem Tag nicht. Ich wollte zu Friendly's zurückfahren und zum Dessert wieder bei meiner Familie sein. Und am nächsten Tag wusste ich nicht mehr genau, was Mil-

lie gesagt hatte. Wie konnte ich so schnell vergessen haben, was mir nur einen halben Tag zuvor so bemerkenswert erschienen war?
Wahrscheinlich liegt es daran, dass es jedes Mal – wirklich jedes Mal – verblüffend ist, dass eine solche Schönheit und ein solcher Verlust in jedem Leben, in jeder Seele, in jeder Erinnerung zusammentreffen. Es muss nicht so sein, dass das Leben wunderbar ist, *aber* enden muss. Es kann sein, dass das Leben wunderbar ist ... und dennoch endet, so sehr wir uns auch wünschen, es wäre anders. Es kann wunderbar und, eben aufgrund der Wahrheit über die Endlichkeit zugleich von Verlust, Tragik und Trauma erfüllt sein. Beides kann zusammentreffen. Es trifft zusammen.
Und so sehe ich inzwischen das, was mir bei und nach der Geburt meines ersten Kindes passierte: Ich verstehe immer noch nicht, was passiert ist. Ich weiß immer noch nicht, warum es passiert ist. Ich weiß immer noch nicht, was real und was Halluzination war, aber ich weiß ganz sicher, dass es einen Wert hat. Und einen Sinn. Es hat die geschaffen, die ich heute bin. Wenn es etwas gibt, das meine Patienten mich gelehrt haben, dann, dass die Vorstellung von real und nicht real nicht so schwarz-weiß ist, wie ich immer dachte. Ich habe gelernt, dass es weitaus interessanter und letztlich friedlicher ist, in dem Raum dazwischen zu leben. Ich habe gelernt, dass meine brennende Scham die Liebe nicht verdeckt hat. Ich habe gelernt, dass ich den Verstand, meine Identität, meine Funktionsfähigkeit verlieren und dennoch jemand sein konnte. Ich habe gelernt, dass das beste Mittel zur Linderung des Seelenschmerzes die Güte eines anderen Menschen ist. Ich habe ge-

lernt, dass es auf der Welt mehr Geheimnisse gibt, als irgendjemand mir in meiner Kindheit beigebracht hat. Als an einem heißen Bloomsday in Iowa ein Gewitter durchzog, nahm mein Leben ganz plötzlich einen Kurs, den ich mir niemals vorgestellt hatte, und dennoch bedaure ich ihn nicht. Ich würde ihn dem Teufel nicht wünschen, aber ich bedaure ihn auch nicht, denn alles, was ich mir erhoffte, war zwischen Schmerz und Schrecken vorhanden. Es ist der Kurs, der mich zu der Arbeit im Hospiz brachte, vor allem deshalb, weil ich Angst vor Tod und Krankheit hatte und sehen wollte, was auf der anderen Seite dieses Verlustes lag. Was ich fand, waren die Patientinnen und Patienten, die mich heilten. Sie waren alle so zerbrochen, und so wunderbar.

Wenn das Leben ein Roman wäre und ich die Dinge mit einer Schleife hübsch zusammenschnüren könnte, würde ich behaupten, es war Gloria, die mir den Rat zum Abschied gab. Sie war es aber nicht. Es war eine kleine alte jüdische Dame, die mich bei jeder unserer Begegnungen segnete. Sie war in den Dreißigerjahren mit ihren Eltern und ihrem Bruder aus Polen geflohen und zehn Jahre später allein in den Vereinigten Staaten angekommen. Eine Frau, deren Geschichte ich hier nicht erzählt habe, sondern mit den Hunderten anderer Geschichten in meinem Herzen bewahren werde. Ich hinterlasse Ihnen diesen Rat, wie sie ihn mir hinterlassen hat: »Versprechen Sie sich selbst«, sagte sie, als wir uns das letzte Mal sahen, »dass Sie, egal was passiert, ein großartiges Leben haben werden.«

# DANKSAGUNG

Allen Patientinnen und Patienten und allen Familien, die mich in ihr Leben ließen, ob für ein Jahr oder für zehn Minuten, bin ich unendlich dankbar. Ich habe jede und jeden von euch geliebt und hoffe, dass sich das in diesen Seiten widerspiegelt.

Es ist mir eine Ehre, mit einigen der besten Hospizseelsorgern und -seelsorgerinnen, Krankenschwestern, Hospizhelferinnen, Sozialarbeiterinnen, Ärzten und Ehrenamtlichen-Koordinatorinnen zusammengearbeitet zu haben, die mir je begegnet sind. Ich danke euch allen dafür, dass ihr mir vermittelt habt, wie man mit Menschen am Ende ihres Lebens arbeitet, und mich in schwierigen Zeiten und bei besonders erschütternden Fällen so unermüdlich unterstützt habt. Was die Tätigkeit im Hospiz unter anderem so reizvoll macht, ist die Zusammenarbeit mit Menschen wie euch. Vielen Dank dafür.

Wenn mir jemand vor zehn Jahren gesagt hätte, dass ich noch einmal ein Buch schreiben würde, hätte ich ihn ausgelacht. Ich kann Vernie Vaccaro und Tziporah Cohen gar nicht genug dafür danken, dass sie mir geholfen haben, wieder auf die Beine zu kommen.

So viele Menschen haben mir bei diesem Buch geholfen, und auf so vielfältige Weise. Mein tiefer Dank gilt euch allen, insbesondere Becky Saletan, Marly Rusoff, Katie Freeman, Claire McGinnis, Ben Denzer, Michelle

Koufopoulos, dem gesamten Stab von Aspen Words, Isa Catto Shaw, Daniel Shaw, Chrysti Shain, Mary Egan, Kristin Egan, Kit McIntyre, Kristin Miles, Colette Sartor und Tricia Escobedo.

Und zum Schluss danke ich meinem Mann, Alex Ruskell, und meinen Kindern. Ohne euch hätte ich das Buch nicht schreiben können, und ich habe es für euch geschrieben.

Für alle Lebensliebhaber bietet das Gütersloher Verlagshaus Durchblick, Sinn und Zuversicht. Wir verbinden die Freude am Leben mit der Vision einer neuen Welt.

UNSERE VISION EINER NEUEN WELT

**Die Welt, in der wir leben, verstehen.**

**Wir sehen Menschlichkeit als Basis des Miteinanders:** Mitgefühl, Fürsorge und Beteiligung lassen niemanden verloren gehen. Wir stehen für gelingende Gemeinschaft statt individueller Glücksmaximierung auf Kosten anderer.

**Wir leben in einer neugierigen Welt:** Sie sucht ehrgeizig und mitfühlend Lösungen für die Fragen unseres Lebens und unserer Zukunft. Wir fragen nach neuem Wissen und drücken uns nicht vor unbequemen Wahrheiten – auch wenn sie uns etwas kosten.

**Wir leben in einer Gesellschaft der offenen Arme:** Toleranz und Vielfalt bereichern unser Leben. Wir wissen, wer wir sind und wofür wir stehen. Deshalb haben wir keine Angst vor unterschiedlichen Weltanschauungen.

**Das Warum und Wofür unseres Lebens finden.**

**Wir helfen einander, uns selber besser zu verstehen:** Viele Menschen werden sich erst dann in ihrem Leben zuhause fühlen, wenn sie den eigenen Wesenskern entdecken – und Sinn in ihrem Leben finden.

**Wir ermutigen Menschen, zu ihrer Lebensgeschichte zu stehen:** In den Stürmen des Alltags geben wir Halt und Orientierung. So können sich Menschen mit ihren Grenzen aussöhnen und zuversichtlich ihr Leben gestalten.

**Wir haben den Mut, Vertrautes hinter uns zu lassen:** Neugierde ist die Triebfeder eines gelingenden Lebens. Wir wagen Neues, um reich an Erfahrung zu werden.

**Erfahren, was uns im Leben trägt und erfreut.**

**Wir glauben an die Vision des Christentums:** Die Seligpreisungen der Bergpredigt lassen uns nach einer neuen Welt streben, in der Vereinsamte Zuwendung, Vertriebene Zuflucht, Trauernde Trost finden – und Gerechtigkeit, Barmherzigkeit und Frieden herrschen.

**Wir geben Menschen die Möglichkeit, den Glauben (neu) zu entdecken:** Persönliche Spiritualität gibt Kraft, spendet Trost und fördert die Achtung vor der Schöpfung sowie die Freude am Leben.

**Wir stehen mit Respekt vor der Glaubenserfahrung anderer:** Wissen fördert Dialog und Verständnis, schützt vor Fundamentalismus und Hass. Wir wollen die Schätze anderer Religionen kennenlernen, verstehen und respektieren.

GÜTERSLOHER VERLAGSHAUS
DIE VISION EINER NEUEN WELT

Bibliografische Information der Deutschen Nationalbibliothek

Die Deutsche Nationalbibliothek verzeichnet diese Publikation in der Deutschen Nationalbibliografie; detaillierte bibliografische Daten sind im Internet über https://portal.dnb.de abrufbar.

Die Bibelzitate aus Jeremia 17, 4 und 31 stammen aus: Gute Nachricht Bibel, Deutsche Bibelgesellschaft, Stuttgart 2000 (Revidierte Fassung 1979 der »Bibel in heutigem Deutsch«)

FSC www.fsc.org MIX Papier aus verantwortungsvollen Quellen FSC® C014496

Verlagsgruppe Random House FSC® N001967

1. Auflage
Published in agreement with the author c/o Marly Rusoff Literary Agency, Bronxville, New York, USA

Englischer Titel: On Living



Umschlagmotiv: www.pixabay.com
Druck und Bindung: GGP Media GmbH, Pößneck
Printed in Germany
ISBN 978-3-579-08686-6

www.gtvh.de